BITCOIN BLOCKCHAIN E MUITO DINHEIRO

D.Sc. Christian Aranha

BITCOIN
BLOCKCHAIN
E MUITO
DINHEIRO

Uma nova chance para o mundo

valentina

Rio de Janeiro, 2022

4ª Edição

Copyright © 2019 by Christian Aranha

CAPA
Raul Fernandes

DIAGRAMAÇÃO
Fatima Agra | FA studio

Impresso no Brasil
Printed in Brazil
2022

CIP-BRASIL. CATALOGAÇÃO NA PUBLICAÇÃO
SINDICATO NACIONAL DOS EDITORES DE LIVROS, RJ
LEANDRA FELIX DA CRUZ CANDIDO – BIBLIOTECÁRIA - CRB-7/6135

A68b
4 ed.
    Aranha, Christian, 1978-
      Bitcoin, Blockchain e muito dinheiro: uma nova chance para o mundo / Christian Aranha. – 4. ed. – Rio de Janeiro: Valentina, 2022.
    164 p. ; 21 cm

    ISBN 978-85-5889-096-0

    1. Bitcoin. 2. Blockchains (Base de dados). 3. Transferência eletrônica de fundos. 4. Comércio eletrônico. I. Título.

20-64631
                        CDD: 332.178
                        CDU: 336.74

Todos os livros da Editora Valentina estão em conformidade com o novo Acordo Ortográfico da Língua Portuguesa.

Todos os direitos desta edição reservados à

EDITORA VALENTINA
Rua Santa Clara 50/1107 – Copacabana
Rio de Janeiro – 22041-012
Tel/Fax: (21) 3208-8777
www.editoravalentina.com.br

Agradecimentos

Entropia, centro de estudos de Blockchain e inteligência artificial, de onde saiu o projeto EOS Rio.

Ruth Espínola de Mello, doutora em economia pela UFRJ, que deu início aos trabalhos desta obra.

Lara Vargas, aluna da ESPM, que fez estágio em Blockchain na Entropia e escreveu parte do livro. Obrigado por seu entusiasmo, determinação e insights.

Isabelle Rito, advogada formada pela UFF, estudiosa de Blockchain e tributação, que escreveu a parte de legislação deste livro.

Luis Felipe Carvalho, professor da PUC-Rio, que fortemente abriu caminho para os estudos de criptomoedas montando cursos nos quais lecionei nas primeiras edições.

Alexandre Linhares, professor da FGV, que me apresentou ao Bitcoin em 2012.

Marcelo Brogliato, formado no IME, que fez de seu doutorado o projeto Hathor, a primeira Blockchain do Brasil.

Gabriel Lemos, professor CEFET/RJ, pelos incansáveis debates a respeito do assunto.

Sumário

Apresentação 9

BLOCO A
FUNDAMENTOS DO SISTEMA DE TROCAS 13

1. Origem e Fundamentos: a Transição do Capitalismo Mercantil para a Fase Industrial 15
2. Reconceituando Dinheiro e Moeda 27
3. Centralização e Concentração Financeira 37
4. Moedas Fiat de Curso Forçado: Fundamentos 47
5. As Moedas da Era Digital 53

BLOCO B
ORIGENS E MARCOS DO BITCOIN E DO BLOCKCHAIN 59

6. Movimento Cypherpunk e a Provável Origem do Bitcoin 61
7. Bitcoin, Versão de Vanguarda e Valorização 75
8. O Modelo Blockchain 89

BLOCO C

TECNICIDADES QUE QUALQUER BOM ENTENDEDOR TEM QUE SABER 97

9. O Sistema Blockchain 99

BLOCO D

UM FUTURO QUE JÁ BATEU `A PORTA 127

10. Principais Acontecimentos 129
11. Regulação no Brasil 137
12. Perspectivas de Aplicação do Blockchain 149

Glossário das Top Criptomoedas 159

Curiosidades 160

Bitcoin: A Peer-to-Peer Eletronic Cash System 161

Fonte das Imagens 164

Apresentação

"Dinheiro é uma forma de Bitcoin não programável, que as pessoas costumavam usar antes de inventarem os computadores e a criptografia."

Ryan X. Charles

Este livro pretende esmiuçar o cenário por trás das moedas virtuais que têm tido ascendência em diferentes contextos, enfatizando em especial uma delas, a que inaugurou a revolução singular dentro do capitalismo financeiro e estremeceu nações: o Bitcoin.

Neste percurso, o leitor será convidado não só a desempenhar um papel efetivo de cidadão global em relação ao uso das criptomoedas, como também a se tornar um guardião da informação do sistema Blockchain. Ele vai entender que poderá optar ser somente um usuário e detentor de Bitcoins como moeda, mas também um validador da valiosa corrente de informações, que é a grande força do Blockchain.

Incursões futuristas serão forjadas, vinculando os avanços tecnológicos que causarao impactos profundos nos mais diversos campos da sociedade.

Cabe aqui uma pergunta que provavelmente está permeando a mente do leitor: Quem é esse autor que se propõe a tamanha audácia? De que lugar ele fala? Essa reação de incredulidade é bastante comum no momento em que se ouve um pensamento ou reflexão que poderá vir a arranhar conceitos pré-definidos. É por isso que, em eventos, recomenda-se que o palestrante sempre inicie com o "momento carteirada", como se diz nos bastidores. Os espectadores precisam de uma injeção de confiança para aceitar que aquele interlocutor tem conhecimento de causa suficiente para conduzi-los por novas linhas de raciocínio, muitas vezes incômodas.

Então, que tal passarmos de vez pelo momento carteirada para, digamos, lastrear a conversa daqui pra frente? Entretanto, é verdade que, de um modo geral, falo mais como crítico das instituições e das pessoas, como empreendedor serial e como investidor de tecnologias disruptivas do que como chancelado acadêmico. Até porque, apesar de me orgulhar dos títulos conquistados, paradoxalmente, não recomendo semelhante trajetória aos meus alunos e a quem acompanha minhas crônicas e ensaios nas mídias sociais. As razões para essa contradição serão exploradas ao longo do livro, mas receberão atenção especial em uma próxima obra que tratará sobre o futuro do trabalho.

Essa missão não me parece ordinária, já que se trata de um tema extremamente atual e apaixonante. Hoje, o frisson da aposta e o cenário de descobertas e conjecturas de tantas novidades que estão por vir são elementos tão empolgantes, que torna quase impossível ignorar o assunto em rodas de conversas sociais.

Eu sei que a maioria de vocês chegou até aqui para saber como ganhar muito dinheiro com Bitcoin, mas acredito que isso só possa acontecer se antes você passar pelos assuntos ditos neste livro. Eles vão transformar a forma como você vai ver o Bitcoin, aumentando em muito as chances de realmente ganhar.

No Bloco A, abordaremos os *fundamentos do sistema de trocas internacional*, de forma a situar as questões centrais que permeiam um bom entendimento do processo histórico do papel do dinheiro até a contemporaneidade.

Já no Bloco B, traremos *as origens e marcos dos 10 anos do Bitcoin e do Blockchain*, dando ênfase à história da primeira criptomoeda descentralizada do mundo, que já completa uma década.

No Bloco C, *tecnicidades que qualquer bom entendedor tem que saber*, mostraremos os aspectos técnicos e operacionais que dão base à lógica por trás do Blockchain, explorados de forma didática, de modo a convidar diferentes gerações à compreensão da magnitude da revolução iniciada e consequente inserção nesse atraente universo que vai muito além do espectro financeiro.

Por sua vez e finalmente, o Bloco D dará lugar às projeções de *um futuro que já bateu à porta*. Não estamos mais falando apenas de moedas, e sim de uma nova sociedade baseada em Blockchain. Governos, eleições, saúde, direito... praticamente tudo o que existe poderá ser refeito de forma melhor, mais confiável e principalmente transparente nessa nova era da informação.

Aqueles que me conhecem pessoalmente e bem, sabem que sou um sujeito controverso, provocador e espontâneo. Esta obra, de alguma forma, dá sentido, profundidade e concretude à ansiedade que tenho em explorar a vida, a tecnologia, as potencialidades financeiras libertadoras das amarras do mainstream, do pensamento dominante.

Essa trajetória se dá sem um fim definido, sem verdades absolutas, e tampouco abraça modelos ou receituários. Viva o futuro, que é diuturnamente reescrito pelos bilhões conectados à rede mundial de computadores.

E dá-lhe Bitcoin!

BLOCO A

FUNDAMENTOS
DO SISTEMA
DE TROCAS

1. Origem e Fundamentos: a Transição do Capitalismo Mercantil para a Fase Industrial

"O Ocidente medieval é um mundo mediocremente equipado. Mas não se pode admitir, a seu respeito, falar em subdesenvolvimento."

JACQUES LE GOFF

O século 15 marcou o fim do período conhecido como Baixa Idade Média. Período em que pensar a conquista de uma hegemonia econômica – não com essa designação à época, evidentemente – passou a gravitar nos corações, nas mentes e na ponta da espada de muitos países então ainda em formação no Ocidente medieval.

Essa que é a chamada Época dos Grandes Descobrimentos se deu ao final daquele século e é normalmente associada a outros fenômenos, como a ampliação das rotas comerciais, a ascensão da burguesia, as revoltas camponesas, no sentido de justificar, por um lado, a crise do sistema feudal e, por outro, propiciar condições essenciais para o advento do capitalismo mercantil.

Origem e Fundamentos do Capitalismo Mercantil

Como nos guia o historiador francês Jacques Le Goff em sua brilhante obra *A civilização do Ocidente medieval*, a Baixa Idade Média consistiu em uma época de avanços tecnológicos bastante limitados, mesmo na área agrícola. Nesta, pode-se apontar, especificamente, o moinho hidráulico, as novas técnicas de atrelagem de animais (equinos e bovinos), o arado de ferro com rodas, dentre outros impulsos dispersos.

Mas o entrave mais nevrálgico estava na própria lógica fundante do sistema feudal, baseada no domínio, na expansão e na anexação. A mentalidade dos emergentes Estados-Nação, de visar a conquista territorial como uma fé cega, culminou no baixo desenvolvimento das forças produtivas do campo.

Com isso, o uso e o manejo eficientes do solo ficavam a dever, em face a uma sempre crescente população, fenômeno correlato à consolidação das principais cidades e países da Europa. Tal consolidação somente viria ocorrer após o continente se recuperar do período bárbaro (Alta Idade Média) – com épocas de exceção, como no Império de Carlos Magno (768-814) –, quando a moeda pôde, inclusive, ressurgir em virtude da reorganização social.

Mantendo, pois, o foco no ambiente prévio à sociedade capitalista mercantil plena, já havia o costume de se depositar ouro nas oficinas dos ourives por questões de segurança, e estes, por sua vez, emitir títulos se obrigando à devolução do ouro depositado. Evidentemente, as transações se avolumaram e as pessoas começaram a utilizar esses títulos como moeda. Eis aí a origem, na sociedade ocidental, dos bancos e das cédulas monetárias, que abordaremos mais detidamente na seção seguinte.

O fato é que o crescimento monetário ocorreu na contramão de uma sociedade feudal em agonia, cuja crise se manifestava com sinais evidentes, avançando por inúmeros flancos. Na verdade, quando o feudalismo entrou definitivamente em colapso, o capitalismo já era monetário. O uso da moeda e a atribuição de valor à mesma se davam de acordo com o metal que a constituía.

Moeda "Kai Yuan Tong Bao" da dinastia Tang, cunhada pela primeira vez no ano 621, em Chang'an.

Daí a ansiedade permanente que fez com que os europeus se lançassem ao mar em busca de metais, consubstanciando o metalismo – o ideário de que quanto mais ouro e prata acumulasse uma nação, mais rica e poderosa ela seria. A África e a então recém-descoberta América espanhola viriam a ser as fontes pródigas desse abastecimento.

As ranhuras ao lado da moeda existiam para que não fosse possível raspar e roubar o metal que tinha valor.

As novas configurações dos países, seus reinos, sucessões, alianças político-hereditárias adiavam a intensificação da eficiência produtiva na sociedade pré-revolução industrial, que se deparava ainda com inúmeros desafios. Um dos principais se devia à inexistência de novas terras disponíveis a serem ocupadas. A isso se somava o atraso no progresso técnico antes assinalado e, em um cenário de produção estagnada e população crescente, a fome se espalhou pelo continente.

Pior, a absolutamente desmedida destruição das florestas e a utilização predatória do meio ambiente, que vigoravam com parcimônia, levaram a um impacto profundo. Ocorreram graves mudanças climáticas, tempestades severas e um aumento extremo da vulnerabilidade a doenças e epidemias, como a peste bubônica, que matou cerca de um terço da população europeia em meados do século 14.

Com crescente carência de mão de obra no campo, os nobres impuseram uma carga maior de trabalho àqueles que não caíram pela peste, o que gerou revoltas camponesas e até mesmo urbanas.

De outro lado, surgiu uma nova camada social: a burguesia, constituída por comerciantes que enriqueceram – ao mesmo tempo que dinamizaram a economia medieval – e, portanto, necessitavam de segurança. Assim, construíram habitações protegidas por muros, os burgos, que dariam origem a várias cidades importantes, muitas das quais até hoje habitadas e visitadas por turistas do mundo inteiro.

Contextualizando ainda, quando se remete ao período historicamente conhecido como Baixa Idade Média, o papel associado à questão religiosa é totalmente central. A tríade domínio/expansão/anexação foi também, e principalmente, praticada pela Igreja Católica no que se refere, em especial, à perseguição a judeus, muçulmanos, pagãos de modo geral, e esse foi seu *modus operandi* no processo de expansão marítima e colonização dos povos.

Em meio ao manancial analítico potencialmente associado a abordagens com tal finalidade, sobressai singularmente a coincidência não independente de que judeus e muçulmanos respondiam pela parcela majoritária dentre os comerciantes mais prósperos e que estavam sendo beneficiados pelo êxodo rural provocado pela desintegração do sistema feudal de produção, aumentando, por um lado, a oferta de mão de obra urbana e, por outro, a demanda por bens de consumo e produção.

O avanço da economia mercantil fortaleceu também atividades "novas", como cambistas, que trocavam moedas, e banqueiros, com funções, naquele momento, de tesoureiros do dinheiro das pessoas e de concedentes de empréstimos. Estes, junto a burgueses e a várias camadas de uma população que começava a abandonar dogmas milenares, passaram a compor o ambiente do Iluminismo, do Renascimento cultural e das cidades, da transição do capitalismo mercantil para o industrial.

Capitalismo Industrial

A representação mais direta que caracteriza a transição do capitalismo mercantil para o industrial é a mudança da meta econômica básica a ser perseguida.

No mercantilismo, empregava-se capital – constituído pelo conjunto de seres humanos, equipamentos, armas, moedas, traduzido aqui, a grosso modo e para fins analíticos, como dinheiro (D) – em busca de produtos de ordem geral, que assumiam a condição econômica de mercadorias (M) a serem comercializadas, com as vendas totalizando D'. Ou seja: processo D→M→D', onde a condição de viabilidade era D'>D, e a diferença identificada entre D' e D consistindo no lucro comercial.

O capitalismo industrial, por sua vez, se caracteriza pelo processo m→D→M, onde M > m; mas o que essa diferença expressa não é exatamente o lucro industrial (embora seja sua fonte geradora), e sim o processo de transformação de matéria-prima (m) em produto acabado, ou mercadorias (M), com o auxílio mais que luxuoso, fundamental, da introdução revolucionária da máquina enquanto parte decisiva do capital (D).

A importância da máquina é absolutamente presente em nossa sociedade nos dias atuais. O cinema nos mostra *Blade Runner* e o revisita décadas depois; a inteligência artificial é presença recorrente nas telas; o preço do amanhã nos é apresentado tendo o astro-galã-pop Justin Timberlake levantando um tema pra lá de cabeça. E isso, mesmo nos encontrando em uma sociedade chamada pós-industrial. Pode-se considerar, assim, que a máquina não apenas precedeu, mas ultrapassou a indústria!

Voltando ao nosso recorte histórico, o boom da revolução industrial se amalgamou ao lançamento da teoria presente na obra *A riqueza das nações*, de Adam Smith, e marcou o nascimento da ciência econômica no mundo ocidental, ao final do século 18.

A obra de Smith salientou a importância da eficiência técnica e produtiva da divisão do trabalho para o processo de acumulação de capital. Ao mesmo tempo, a existência da fábrica, enquanto representação máxima da propriedade privada dos meios de produção, se tornaria o ambiente simbólico lapidar do capitalismo industrial.

A crença no equilíbrio de mercado foi tanta que criou-se a figura de uma mão invisível, autorreguladora dos preços e quantidades de bens e serviços transacionados na economia. A euforia prosseguiu, com o progresso técnico alcançando patamares significativamente mais elevados, com a aplicação da energia a vapor na indústria e no transporte (motor), e a invenção de máquinas-ferramentas: máquinas capazes de produzir máquinas.

A realidade histórica, porém, é pragmática, e as contradições não tardaram a dar as caras. Thomas Malthus foi logo estragando a festa, apontando que as necessidades e desejos humanos crescem em progressão geométrica, ao passo que os recursos para dar conta dessa necessidade/vontade crescem em progressão aritmética. Vale destacar que o problema populacional, acoplado à teoria malthusiana, é recorrentemente mencionado por várias correntes atuais.

Outra natureza de contradições, essa apontando para o coração do próprio sistema, já fora esmiuçada nos livros de Karl Marx e Friedrich Engels, vindo gerar desdobramentos para além do campo da economia política, que perduram até hoje na política econômica praticada por alguns países. Esses não transpuseram a necessidade analítica de superar o marxismo e a dicotômica visão de luta de classes, insuficiente para se compreender e interagir bem com as intensas mutações sociais e culturais em curso na sociedade contemporânea.

Mas a ausência da visão do ser humano em sua essência também foi marcante na sociedade capitalista industrial. Stuart Mill advogou em prol do utilitarismo, afirmando que o que é útil é valioso, e contrapondo o prazer calculado ao irracional. Este constituía o cerne da imagem cunhada como *homo economicus*, um ser que se comportaria maximizando a utilidade ao cumprir aquelas que seriam funções elementares de todo indivíduo: consumo e produção.

A herança vingou e a sociedade industrial se caracterizou por ser uma sociedade de consumo de massa, cuja produção em escala foi viabilizada pelo aumento da mecanização e da divisão do trabalho nas fábricas, reduzindo os custos por unidade produzida. Este correspondeu ao padrão fordista de produção (linha de montagem), que acabou por acompanhar e guiar os rumos do capitalismo industrial no século 20 até seu esgotamento, já no último quarto do mesmo.

É paradoxal, contudo muito realista, perceber que inúmeros avanços, dentre os principais registrados no espectro tecnológico, foram criados e aperfeiçoados no âmbito militar, em contextos de conflito armado, nuclear, de influência e sequestro da cultura local... ou seja, múltiplas finalidades. Como é de conhecimento geral,* a própria internet teve origem militar.**

E conflito, na verdade, foi o que predominou na sociedade capitalista industrial em quase toda a primeira metade do século 20, com duas Guerras Mundiais, revoluções, inúmeras guerras civis... que refletiam, em grande parte, ecos do final do século 20, quando a necessidade da conquista de novos mercados – imposta e viabilizada pelo processo de concentração e centralização destacados – levou ao imperialismo colonialista.

No período histórico subsequente, todavia, o capitalismo industrial viveria seus momentos mais felizes (*The Post War Dream*, como diria Roger Waters), os Gloriosos 30 (as três décadas seguintes ao pós-Segunda Guerra Mundial), iniciados, em 1945, com a implementação de uma série de políticas de inspiração keynesiana*** e a constituição de um estado de bem-estar social, em países como a França e a Inglaterra, e também na Escandinávia, dentre outros. Os principais resultados obtidos foram a redução da desigualdade de renda, revelada pela curva de Kuznets, e a alavancagem da economia de países periféricos, como é o caso brasileiro.

Entretanto, fatores contundentes levariam à crise daquele modelo e, ainda, ao próprio modo fordista de produção, dentre os quais, dois pontos sobressaem:

---

* Para mais informações, busque ARPANET.
** Lembro que também o Bitcoin teve origem militar, já que seu principal mecanismo, a mineração, é uma trincheira anticrackers.
*** Vale investigar mais na Wikipedia.

- O choque do petróleo, provocado pela ação agressiva de aumento de preço por parte do cartel da Organização dos Países Produtores e Exportadores de Petróleo (OPEP), nos primeiros anos da década de 1970;
- O colapso do sistema financeiro de Bretton Woods, em simultâneo à retração do crédito internacional.

Com os Estados em delicada situação financeira e o gasto público reduzido, as políticas keynesianas de estímulo ao crescimento da demanda efetiva foram substituídas pelas políticas restritivas. As indústrias viram minguar os recursos e partiram para a reestruturação produtiva, encerrando o fordismo. Um duro golpe para a sociedade industrial. E adviria a era digital, tecnológica, da informação, do conhecimento, ou como seja designada a época em que hoje vivemos.

2. Reconceituando Dinheiro e Moeda

> *"Money, get away / get a good job with more pay and you're okay."*
>
> **ROGER WATERS**

Breve Introdução

Os versos imortalizados pela banda inglesa Pink Floyd foram criados no início dos anos 1970, no fim do ciclo dos Gloriosos 30 e às vésperas da crise econômica no mundo capitalista ocidental, consubstanciada pelo choque do petróleo e pelo colapso do sistema financeiro de Bretton Woods.

Considerando uma tradução livre, a letra faz menção a dois fenômenos que não mais são encontrados com exclusividade nas metas traçadas pelo ser comum, ao projetar seus planos e estratégias de vida: ter um bom emprego e ganhar um bom salário.

Sobre a verdadeira metamorfose nas relações de trabalho nesse quase meio século desde que "Money" foi composta, é irrefutável que se tornou recorrente a maior flexibilidade, a alta rotatividade e uma intensa ampliação e diversificação das formas de trabalho. Ah... e de ganhar dinheiro.

Na seção sobre os capitalismos mercantil e industrial, enunciamos que a moeda desempenhou um papel decisivo naqueles momentos importantes da história econômica mundial. E à moeda associou-se o dinheiro. Pois bem, nessa nossa era da informação, da tecnologia, o rumo dessa prosa parece claramente ter tomado outra direção. Torna-se, assim, urgente atentarmos para a essencialidade de se reconceituar dinheiro e moeda.

Reconceituando Dinheiro e Moeda

Na era moderna, a intensa expansão de comerciantes interessados na venda e na troca de produtos teve como principal consequência o retorno da utilização da moeda. Tratou-se de um retorno, em face à total desorganização social e também monetária que vigorou ao longo de quase toda a Idade Média. Nesse contexto, a primeira cunhagem da libra esterlina (Inglaterra) é datada de 1190, durante o reinado de Ricardo II. Em 1252, seguindo o que faziam outras cidades-estado italianas, foi cunhada por Florença a moeda chamada florim, que consistiria na moeda de ouro mais comum na Europa até o ano 1650. Já na França, o franco surgiria em 1360, tendo seu nome se originado na inscrição em latim *francorum rex* (rei dos francos), gravada nas primeiras cunhagens.

Espanha e Portugal, inicialmente, herdaram da grande influência árabe – origem de suas formações – o dinar de ouro, que em Portugal seria o morabitino e na Espanha, o maravedi, ambos derivados da expressão *murabiti*, associada à poderosa dinastia dos almorávidas, que dominara a Península Ibérica. Depois, com as sucessivas desvalorizações acopladas ao sufocamento sociopolítico-econômico, de caráter pseudorreligioso, dos árabes, no século 15, seriam lançadas novas moedas de ouro: escudo, na Espanha; cruzado, em Portugal, com valores muito próximos ao então badalado florim.

Vale aqui ressaltar: além do escambo (troca direta de bens e/ou serviços), diversas formas de moeda já foram – outras ainda são e novas virão a ser – utilizadas, tais como sementes de cacau e feijão; tecidos de seda; cigarros e frutas, mormente em situações de guerra ou em penitenciárias, dentre outras. O sal, enquanto moeda, foi responsável por batizar a expressão salário. E esse – como vimos na breve introdução deste capítulo – pode ser considerado um ethos em extinção.

Fato é que, com o capitalismo mercantil, as transações se avolumaram e as pessoas começaram a utilizar títulos (de depósito) como moeda. Aí está a origem, na sociedade ocidental, dos bancos e das cédulas monetárias.* É hora de ver como os economistas interpretaram a moeda. E o dinheiro, em desdobramento.

Inicialmente, moeda pode ser conceituada como um conjunto de ativos da economia que as pessoas usam com regularidade para comprar bens e serviços. Assim, a moeda inclui apenas aqueles tipos de riqueza que são regularmente aceitos por vendedores em troca de bens e serviços.

Quando se conceitua riqueza como aquela referente à abundância na posse de dinheiro, propriedades móveis, imóveis, títulos etc., o dinheiro aparece enquanto um produto, um intermediário, um bem como outro qualquer na economia, com valores e quantidades determinados pelas condições de oferta e demanda de papel moeda em circulação.

Isto posto, lembremos que, na economia, a moeda possui três principais funções:

- **Meio de troca**: é algo usado pelos compradores no momento em que vão adquirir algum bem ou serviço de um determinado vendedor.

---

* Sabe-se que a invenção do cheque é atribuída ao banco da família Médici, em Florença, Itália, no século 14. Tal instituição bancária emitia talões em branco para que fosse escrito pelo depositante o valor a ser sacado de sua conta.

- **Medida de valor** (unidade comum de contagem): é o padrão de medida estabelecido para quantificar os preços de bens e serviços.
- **Reserva de valor**: é um meio de transferir o poder de compra para uma futura transação.

Essas funções, juntas, diferenciam a moeda dos demais ativos da economia como títulos, ações, bens e imóveis. Em cenários de hiperinflação, por exemplo, a moeda oficial de um país é comumente substituída por uma moeda forte (como ocorre quando há a "dolarização" da economia) em boa parte das transações cotidianas por ter sido: abalada na função de meio de troca (recusa da moeda), estar servindo como reserva negativa de valor (a cada dia vale menos), e não ser mais um parâmetro para medir se os preços se encontram ou não compatíveis em níveis de mercado.

Percebe-se, assim, que moeda se diferencia de outros ativos por possuir (e desde que possua) a liquidez por excelência, expressa pela facilidade que um ativo tem para ser convertido em meio de troca na economia.* Percebe-se também que a confiança é condição *sine qua non* para a saúde próspera de uma moeda. Voltemos, então, a esse ponto.

Um título é um certificado de dívida que especifica as obrigações do tomador de empréstimo para com o detentor do título; ou seja, trata-se de um acordo escrito para a devolução de uma dívida, onde são identificados o período em que o valor será pago (data de vencimento) e a taxa de juros.

---

* A abordagem referente aos dois tipos de moeda existentes – moeda-mercadoria e moedas de curso forçado – e a fatores correlatos se encontra na seção *Moedas de Curso Forçado: Fundamentos e Rebatimentos* (pág. 47).

A taxa de juros de um título depende, em grande parte, do seu prazo, sendo que, em geral, os títulos de longo prazo envolvem maior risco e possuem, portanto, juros mais altos. Empresas em dificuldades financeiras levantam recursos com a emissão dos chamados títulos podres (*junk bonds*), que pagam elevadíssimas taxas de juros.

O comprador pode ficar com o título até seu vencimento ou repassá-lo a terceiros, provavelmente com preço reduzido. O mercado de títulos convive também com o chamado risco de crédito, que corresponde à probabilidade de um tomador deixar de pagar parte dos juros ou do principal (inadimplência). Agências privadas classificam o risco de crédito de diferentes títulos.

Ao invés de financiamento por endividamento, como no caso dos títulos, a venda de ações para levantar fundos se chama financiamento patrimonial. Isto porque as ações representam propriedade da empresa e, assim, um direito sobre os lucros que ela obtiver. Em termos práticos/didáticos: se a Intel vender, por exemplo, um total de 1 milhão de ações, cada ação representará a propriedade de 1 milionésimo da empresa. Já o proprietário de uma ação da Intel será um credor da empresa.

Comparadas aos títulos, as ações oferecem, em tese, riscos maiores aos acionistas, mas rendimento potencialmente maior. A determinação dos preços das ações (negociadas na Bolsa de Valores) é feita com base na oferta e demanda das ações de cada empresa, que refletem, por sua vez, a percepção dos agentes econômicos (empresas, famílias, governos) sobre a lucratividade futura da companhia.

Ao ressaltar que os riscos das ações são maiores apenas em tese com relação ao mercado de títulos, isso vai diretamente ao encontro de contextos como o da crise de 2008, a qual se iniciou como sendo do setor imobiliário norte-americano, transladou para o âmbito financeiro e alcançou a dimensão de uma crise econômica de proporções internacionais. Um certo olhar sobre a crise relança o foco para a questão da necessidade de confiança na moeda. É por conta desse caráter decisivo de confiabilidade que Estados praticam políticas monetárias, visando, supostamente de forma neutra, garantir a estabilidade de suas moedas oficiais.

O que tal prática de manipulação (controle ou expansão) da moeda acaba por ocultar é que há favorecimento de grupos, setores, indústrias, segmentos da população, principalmente das diversas empresas que realizam registros de informações financeiras, como bancos, seguradoras, operadoras de cartão de crédito, empresas varejistas de grande porte e congêneres.

Deriva daí que os chamados Blockchains* revolucionam, gerando preconceitos, ao se revelarem uma tecnologia que permite a desconcentração de poder político-financeiro dos megaintermediários, afinal, estes absorvem fortunas simplesmente pelo fato de que não emprestam dinheiro diretamente para Y cobrando menos que aqueles conglomerados, por serem estes os locais onde se registram as operações financeiras, as dívidas. Do poder de posse do uso privado de tais registros, as megaempresas influenciam e pressionam as autoridades monetárias em prol do autobenefício. Os Blockchains se mostram, nesse sentido, uma tecnologia poderosa, ao permitirem horizontalizar tal poder. Há, porém, como em tudo na economia, riscos.

---

* Aprofundaremos em breve, na seção *As Moedas da Era Digital* (pág. 53).

Uma moeda privada tem um funcionamento distinto das moedas oficiais. Seu valor oscila de acordo com o mercado. O Bitcoin pode ser considerado uma moeda privada. Na visão abrangente aqui proposta, ações e títulos de dívidas são também moedas privadas.

A chave detonadora da crise de 2008 virou quando um monte de moedas privadas chamadas CDOs perderam confiança e valor, e viraram pó junto com boa parte da economia mundial.

Os CDOs – *Collateralized Debt Obligation* (Obrigação de Dívida Colateralizada) – incluíam títulos de devedores de risco altíssimo (W), bastando compreender que, se W deve a Z, e Z tem o direito de vender a dívida de W para terceiros, está formada uma nova moeda privada. Agências de rating cumpriam seu papel no cartel, classificando tais moedas podres como ativos atrativos, ludibriando a confiança dos usuários. E... pronto, bum!

Monetaristas diriam que houve um problema de lastro. O lastro dos CDOs nada mais era do que dívidas imobiliárias norte-americanas. *E quem apostaria contra o pagamento da sua própria casa pelos devedores?* O filme *A Grande Aposta* mostra que quem apostou se deu pra lá de muito bem. *E o que salvou o sistema da bancarrota generalizada?* O velho socorro financeiro governamental, sem gestores culpabilizados e com uma parcela extensa de pessoas e pequenos agentes econômicos lesados.

"Quando eu penso no futuro, não esqueço o passado" compôs o grande Paulinho da Viola. E é, talvez, nesse desafio de garantia de lastro que o uso da tecnologia Blockchain, enquanto definidora de uma moeda, deve concentrar sua energia para exercer um papel de fato transformador.

O uso da criptomoeda PotCoin é por demais peculiar nesse sentido. Como nos informa o texto a seguir, a PotCoin atende a uma necessidade direta, no caso, a maconha nos EUA. (Como) "apenas são legais a nível estadual, os dispensários (locais de venda de maconha medicinal e/ou recreativa legalizados) não podem fazer operações bancárias. Se fizerem, serão enquadráveis pelo FBI como lavadores de dinheiro ou como narcotraficantes. Para poder comprar e vender insumos etc., os dispensários criaram o PotCoin".

Enfim, trata-se de uma criptomoeda que pode comprar bens e serviços, cujo lastro, porém, está baseado em maconha e entre os dispensários que a adotaram. É... definitivamente não se pode mais falar em moeda como antigamente.

A descentralização e desconcentração pareciam utópicas quando houve um tsunami no setor de consumo, com grandes varejistas perdendo espaço para os marketplaces. A dupla *that's entertainment* do século 20 (cinema e televisão) jamais prospectou os efeitos que a internet representaria hoje frente ao seu poder anterior. Nessa perspectiva, o Blockchain vem reidentificar não só a moeda, mas o setor bancário em sua essência. E já não era sem tempo! Como a gente costuma dizer aqui no Rio, *demorô*...

3. Centralização e Concentração Financeira

> *"Pode o capitalismo sobreviver? Não. Não creio que possa. Mas essa minha opinião, como a de todos os outros economistas que se pronunciaram sobre o assunto, é por si só muito desinteressante. O que conta em qualquer tentativa de prognóstico social não é o Sim ou o Não, que resumem os fatos e os argumentos que levaram a isso, mas tais fatos e argumentos por si sós."*
>
> **JOSEPH SCHUMPETER**

Passados dois séculos desde a contribuição dos economistas chamados neoclássicos, a definição para ciência econômica, presente hoje em dicionários na internet, coaduna-se em absoluto com a noção neoclássica da figura do homo *economicus*: um ser que maximiza a utilidade, que age de maneira extremamente racional, principalmente no tocante a produzir e consumir bens e serviços.

Eis o que o dicionário *Michaelis* nos traz como definição de economia: *Ciência que estuda os fenômenos de produção, distribuição e consumo de bens e serviços, com o intuito de promover o bem-estar da comunidade*. Uma visão, no mínimo, reducionista e que evidencia* a premência de que sejam revistos preceitos e, quem sabe, a própria filosofia instituidora da ciência econômica.

Revisão esta que passa necessariamente pelo processo de concentração e centralização financeira em curso desde a segunda metade do século 19, momento em que ocorre uma revolução dentro da revolução: a chamada Segunda Revolução Industrial, e quando a esse capital se associa, se especializa e passa a crescer concomitantemente com o capital financeiro.

Complementando o tripé Indústria–Banco–Estado, vale destacar a intensa prática de medidas, como o protecionismo alfandegário, ou seja, a fixação de altos impostos e taxas para: frear a entrada de produtos concorrentes; evitar a evasão de divisas (moedas); favorecer a indústria nacional; estimular a exportação de manufaturados e produtos industriais de alta

---

* Vale sempre lembrar que *oikos* = casa, família; e que *nomos* = lei, regulamento, administração; e, assim, do grego *oikonomias* veio o significado de administrar a casa, seja ela um lar, um Estado, um país...

base tecnológica pelos países que emergiam como grandes potências – Inglaterra, França, Estados Unidos –, e pelas então recém-unificadas Itália e Alemanha.

No brilhante documentário de Robert B. Reich, *Salvando o Capitalismo: para Muitos, Não para Poucos*,* temos uma noção mais próxima da complexidade das artimanhas desempenhadas por representantes dos meios econômico e político em interesse próprio. Reich, renomado economista, ex-ministro do trabalho dos EUA, descortina o mito do *mercado livre*** ao abordar as poderosas alianças entre Washington e Wall Street.

> *Poucas ideias envenenam tanto a nossa mente como a de um livre mercado, que existe em algum lugar do universo e é atrapalhado pelo governo. Não existe livre mercado sem o governo ditando as regras do jogo [...]. Há esse mito de que existe regulamentação e desregulamentação. Não há essas coisas. A questão é o tipo de regulamentação. A questão não é se o governo não será envolvido, mas como vai se envolver.* (REICH, 2017)

Um dos temas de destaque que o documentário retrata ocorreu na década de 1970, quando Reich atuava na Comissão Federal de Comércio, órgão do governo, e passou a determinar restrições rígidas à propaganda dirigida a crianças nos meios de comunicação. Ele terminou atiçando as corporações de empresas alimentícias e de brinquedos, as quais investiram pesado em lobby e em campanhas contra as restrições. Tal investida empresarial derrubou a nova lei: venceu o capital

---

* *Saving Capitalism: For the Many, Not the Few*. Produção cinematográfica de 2017, com base na obra original, de 2015.
** Que hoje é, para muitos, sinônimo de capitalismo não regulado.

em detrimento do povo. Fato é que os Estados Unidos lideram hoje os índices mundiais de obesidade infantil.

No filme, o cenário são os EUA. Mas, infelizmente, não precisamos ir longe, já que o Brasil também tem tentado passar a limpo décadas de corrupção que castigam o povo, deixando-o à própria sorte.

De todo modo, bem sabemos que a origem desse poderio econômico remonta aos brilhantes avanços tecnocientíficos, representados, principalmente, por: energia elétrica, motor a explosão, avanços na siderurgia e na química, produção de rádios, automóveis, aviões, surgimento da anestesia e de antibióticos, dentre outros produtos e inovações espetaculares.

Isso possibilitou enormemente a aplicação de capitais em larga escala, modificando a organização e a administração das empresas. Aquele velho conjunto, composto originalmente por pequenas e médias firmas, individuais e familiares, vem dando lugar ao protagonismo dos grandes complexos industriais, consolidando os processos de concentração e centralização de capital.

A partir daí, surgiriam, então, as sociedades por ações (Sociedades Anônimas S.A.): empresas formadas ou que se capitalizaram por meio da captação da poupança de pequenos investidores. Os bancos vendiam as ações, o que fez com que o capital industrial se associasse ao capital bancário; e o capital financeiro se tornava, assim, controlado por poucas, porém megaorganizações.

A riqueza, embora concentrada, por certo se expandia, tal como o bem-estar da sociedade. Aquele período histórico acabaria ficando associado à expressão francesa Belle Époque, iniciado com o fim da guerra franco-prussiana e que iria perdurar até a eclosão da Primeira Guerra Mundial.

É importante ressaltar que um economista tido como dos mais brilhantes, o austríaco Joseph Schumpeter, que se notabilizou com o clássico *Teoria do desenvolvimento econômico*, de 1911, tornou-se extremamente cético com os rumos do capitalismo, decorridas duas décadas da publicação do seu livro.

Isto, que se reflete na citação do autor presente na abertura deste capítulo, é uma decorrência do processo de concentração de capital e dos efeitos deletérios do monopólio sobre a concorrência e a saúde empresarial da economia. Vejamos por quê.

O monopólio é uma estrutura de mercado em que um agente econômico tem grande poder para definir o preço de venda de um produto que não possui bens substitutos próximos. Por sua condição privilegiada, suas decisões de mercado não são transparentes. Em comparação a uma estrutura competitiva de mercado, em uma situação de monopólio, as quantidades ofertadas são menores e os preços, maiores.

Há uma distinção necessária a ser feita, que são os monopólios naturais, invariavelmente associados às indústrias de rede produtoras de serviços públicos, tais como eletricidade, gás, telecomunicações, transportes, água e saneamento. Casos específicos em que o mercado não promove a alocação eficiente de recursos.

O que ocorre aqui é que os custos de produção, nesses casos, são menores se produzida uma dada quantidade do produto em uma única firma ao invés de duas. Um exemplo prático recente correspondeu à percepção de que é mais barato fornecer acesso à internet e telefonia fixa (dois bens) pela mesma empresa, usando a mesma rede, do que por duas empresas diferentes.

Falando em termos de uma outra estrutura de mercado até bem mais presente na economia nossa do dia a dia, forma-se um oligopólio quando um pequeno grupo de agentes econômicos domina a venda de produtos que não possuem bens substitutos próximos. Designa-se duopólio quando apenas duas empresas competem entre si em um dado mercado.

Esse pequeno grupo passa, então, a ter poder de mercado para precificar; tomar decisões de forma não transparente; formar cartéis, quando agentes se unem para definir preços – prática, inclusive, ilegal e criminosa; e criar estratégia que merece atenção especial: desestimular deliberadamente novos agentes.

Isto é o que se identifica como barreiras à entrada: ferramenta básica de concentração e centralização econômica, industrial, financeira, social, espacial e humana.

No clássico dirigido por Stanley Kubrick, *2001: uma Odisseia no Espaço*, é marcante demais a cena em que o símio – após ter contato com o enigmático monólito, diga-se de passagem – pega um pedaço longo de osso e o bate contra algo em cima de uma pedra, destruindo-o. Ele reage, eufórico, pois acaba de descobrir a arma, a possibilidade de defender e expandir territórios. Nesse caso, com força bruta. Na economia, a forma é bem mais sutil. E muito menos pura e ingênua, frise-se bem.

E a principal forma consiste na existência de barreiras à entrada: qualquer fator que impeça a livre mobilidade do capital para uma indústria no longo prazo e, em consequência, torne possível a existência de lucros supranormais permanentes nessa indústria.

Seu estudo já é antigo em economia industrial e, desde Joe Bain (nos longínquos anos 1950), sabe-se que o principal fator na determinação dos preços e da lucratividade em uma indústria está relacionado à facilidade ou dificuldade que as empresas estabelecidas encontram para impedir a entrada de novos concorrentes. Isto é, a existência ou não de barreiras à entrada na indústria.

Por fim mas fundamental, há que diferenciar as barreiras estruturais – também chamadas estáticas ou exógenas –, que derivam exclusivamente da relação preço menos custo médio de longo prazo (p-CMe), das barreiras estratégicas, também chamadas endógenas ou de prevenção à entrada.

As primeiras se formam pela maior capacidade de produção, maior eficiência, escala, criatividade, inovação etc., enquanto as ditas estratégicas se baseiam na análise dos comportamentos ativos ou reativos das empresas, no tocante à escolha de preços e quantidades. Hoje, essa discussão está no topo dos temas estudados na ciência econômica, em especial por meio da teoria dos jogos e de abordagens da economia comportamental.

Para fins de conclusão dessa etapa de análise sobre a concentração e a centralização, o fato é que a competitividade das empresas, segundo Dantas, Kertstnetzky, Prochnik (*Economia industrial*, cap. 2, 2002), "depende do seu meio ambiente imediato, a arena concorrencial se amplia, deixando de ser apenas a dos mercados imediatos de venda de mercadorias, serviços e aquisição de insumos, para também incorporar mercados acima e abaixo da cadeia em que a empresa está atuando(...)".

Cadeias produtivas, por sua vez, são criadas pelo processo de desintegração vertical e especialização técnica e social. As pressões competitivas, porém, levam à racionalidade de buscar maior integração e coordenação entre as atividades ao longo das cadeias, ampliando a articulação entre os agentes.

Em sentido prático, é possível observar cadeias produtivas setoriais, onde as etapas são setores econômicos, podendo ser as cadeias mais ou menos desagregadas. Por exemplo, pode-se analisar a cadeia dos calçados de couro ou a de calçados em geral.

Em síntese, no imaginário popular, considera-se mais saudável para a economia haver mais competição. Os processos concentradores, porém, sinalizam na contramão, e são inúmeros e crescentes os episódios de fusões e aquisições de empresas, muitas vezes já gigantes.

Do mesmo modo, cadeias concorrentes fabricam produtos substitutos, porém, o entrelaçamento de cadeias é comum. Muitas cadeias se repartem, outras se juntam. Pode-se dizer, para além de algum possível reducionismo economicista, que é tal e qual como acontece com seres vivos, os quais podem preferir a diversidade, a corresponsabilidade, a descentralização... Essa pode ser a verdadeira grande aposta.

4. Moedas Fiat de Curso Forçado: Fundamentos

> *"Dê-me o controle do dinheiro de uma Nação, e pouco me importa quem faz suas leis."*
>
> **MEYER AMSCHEL BAUER (ROTHSCHILD)**

Vimos que a moeda evoluiu com a humanidade, passando de sistemas rudimentares (uso do sal, de conchas, gado etc.) a mais evoluídos, como o período do Padrão-Ouro[*] (em que as instituições financeiras adotavam uma taxa fixa para o ouro em relação ao dólar americano), até o rompimento unilateral dele, em 1971, quando os Estados Unidos aboliram tal conversibilidade direta.

As ciências econômicas classificam as moedas em dois tipos: moeda-mercadoria e moeda de curso forçado.

A moeda-mercadoria tem valor em si mesma e, via de regra, aceitação universal. São vários os exemplos: desde ligas metálicas como o ouro e a prata, até o couro, o cigarro...

As moedas de curso forçado são aquelas que os governos determinam como sendo de aceitação geral em seu território. Esse tipo de moeda não possui valor em si mesma; ela é um tanto simbólica, e sua aceitação depende do grau de confiança por parte da população. Este é justamente o caso do dinheiro que circula nos países; por exemplo, o Real, no Brasil.

As economias modernas trouxeram consigo diversas formas de moedas de curso forçado, não apenas as cédulas de papel. Cartões de crédito e de débito, e títulos de crédito são

---

[*] A Conferência de Bretton Woods ocorreu em 1944, em New Hampshire, nos EUA, quando representantes de diversos países, o Brasil inclusive, determinaram diretrizes para uma nova ordem econômica global. O contexto era de revisão do sistema, especialmente após a Primeira Guerra Mundial e a Grande Depressão dos anos 1930. Na ocasião, foram também criados o Fundo Monetário Internacional (FMI) e o Banco Internacional para a Reconstrução e o Desenvolvimento (Bird ou Banco Mundial).

exemplos. Para muitos, os dois primeiros inauguraram os tipos de moedas virtuais a partir do advento da internet.*

O sistema bancário é baseado em alavancagem. Isso porque os bancos emprestam o dinheiro de um cliente para outro, cobrando juros. A lógica se fundamenta na ideia de que certos clientes não precisarão imediatamente do dinheiro depositado; assim, os bancos poderão emprestá-lo. Mais uma vez a confiança é o sentimento que dá sustentação ao sistema, já que se espera que todos os depositantes que quiserem seu dinheiro de volta terão sua vontade satisfeita no momento do saque.

Como salvaguarda para possíveis períodos de grande procura de clientes pelos seus depósitos bancários, é comum que governos exijam fundos de reserva. Mesmo assim, o governo é considerado, em muitos casos, emprestador de última instância para socorrer o sistema, já que uma corrida bancária em um curto espaço de tempo tem tudo para desequilibrar um país inteiro, como diversas vezes já ocorreu.

Conforme o termo sugere, as moedas de curso forçado não podem ser rejeitadas em um território.** O monopólio de emissão e o controle da circulação de moedas é exercido pelo Estado, cujos governos, em geral, têm controle de seus bancos centrais. Esse controle garante a efetividade de políticas macroeconômicas que as nações implementam para controlar o câmbio, as reservas de divisas, os níveis de inflação, o investimento, o emprego, a dinâmica econômica etc.

---

* Mas, como veremos com mais detalhes, o Bitcoin revolucionou as moedas virtuais pela sua característica descentralizadora e, por isso, sobremaneira disruptiva.

** Vale lembrar que há países onde alguma divisa internacional, como o dólar americano, é aceito também para transações comerciais.

Por isso mesmo é recorrente que países proíbam e controlem o uso de moedas de outros países em território nacional.

Nesta mesma lógica, há perseguição à criação de moedas alternativas. No entanto, a História revelou que, em tempos de crise, não são raros os casos de criação de moedas alternativas circulando como sistemas de moedas locais. Foi o que ocorreu na França, por exemplo, em tempos recentes, em que se registraram 15 iniciativas de moedas locais em 2013; ou na Argentina, no período 1998-2003, em que centenas de moedas conviveram com o peso. Trata-se de uma forma de amenizar efeitos viciosos em tempos de privações, assim como para apoiar processos contracíclicos no incremento de níveis de transações locais asfixiados por momentos nefastos.

Assim, a criação de moedas alternativas às de curso forçado não é uma iniciativa incomum, sendo muitas vezes combatida. O Banco Central do Brasil já chegou a perseguir as chamadas moedas sociais. Mas, atualmente, ele apenas acompanha a circulação de mais de uma centena delas,* ação muitas vezes apoiada por órgãos governamentais nos mais distintos entes federativos. Um caso representativo ocorre desde 1998 no Conjunto Palmeira, de 25 mil habitantes, em Fortaleza, no Ceará, com a moeda palmas, que coexiste com o real, conformando um laboratório intrigante de fluxo de trocas e desenvolvimento local.

---

* Vale resgatar que, em 2013, pelos dados da Rede Brasileira de Bancos Comunitários, havia cerca de 100 bancos comunitários no Brasil. Nestas iniciativas, o dinheiro fica circulando na região de aceitação da moeda social, sendo comum que os comerciantes deem descontos quando pagos com tal moeda. Também é comum que os bancos comunitários tenham linhas de microcréditos para empreendedores e sejam apoiadores de projetos sociais locais.

5. As Moedas da Era Digital

"Os donos do mundo não moram em país algum, mas nós, certamente, moramos no deles."

EXPLICANDO (SÉRIE DA NETFLIX) – EPISÓDIO *BILIONÁRIOS*

O renomado economista Milton Friedman previu, há quase 20 anos, o surgimento de moedas digitais.[*] Na ocasião, afirmou que surgiria um método confiável e discreto de transações financeiras a partir do advento da internet, especialmente com uma boa e barata banda larga.

Outra previsão de futuro assertiva foi feita pela revista *The Economist*, em 1988.[**] A matéria de capa foi *"Get ready for a world currency"* e trazia a imagem da fênix, ave mítica que simboliza a morte e o renascimento. O artigo projetava um cenário fictício que vigoraria 30 anos depois, justamente em 2018.

De fato, estamos vivos para presenciar esse fenômeno arrebatador nos tempos contemporâneos.

Moeda virtual, *virtual currency* em inglês, foi assim definida em documentos, pela primeira vez em 2012, pelo Banco Central Europeu.[***]

> *A virtual currency can be defined as a type of unregulated, digital money, which is issued and usually controlled by its developers, and used and accepted among the members of a specific virtual community.* (EUROPEAN CENTRAL BANK, 2012. p. 05)

---

[*] Mais informações em PortaldoBitcoin.com/milton-friedman-previu-o-Bitcoin-ha-17-anos-atras/.

[**] O artigo recebeu o título de *"Get Ready for the Phoenix"*, de 1/9/88, Vol. 306, e está disponível em Socioecohistory.wordpress.com/2014/07/26/flashback-1988-get-ready-for-a-world-currency-by-2018%E2%80%B3-the-economist-magazine/.

[***] Mais informações em Ecb.europa.eu/pub/pdf/other/virtualcurrencyschemes201210en.pdf.

Foi então apresentada como uma forma não regulamentada de dinheiro, normalmente distribuída e controlada por seus desenvolvedores, usada e aceita apenas entre os membros de uma comunidade virtual específica.

Um ano depois, em 2013, a FinCen (*Financial Crimes Enforcement Network*), agência norte-americana, definiu como moeda virtual o "meio de troca que opera como uma moeda em alguns ambientes, mas que não tem todos os atributos da moeda real e, particularmente, não tem status legal em qualquer jurisdição".

Já em 2014, a autoridade bancária europeia a definiu como representação digital de valor, não emitida por um banco central ou por uma autoridade pública, nem necessariamente atrelada à moeda legal, mas aceita por pessoas físicas e jurídicas como meio de pagamento, podendo ser transferida, armazenada e trocada eletronicamente.

Logo, as moedas virtuais possuem natureza muito próxima às moedas sociais alternativas e às de curso forçado dos países, exceto por usar tecnologia para apoiar o controle e dar a conformação de comunidade a seus navegantes.

Moedas virtuais, então, são, por exemplo, tanto os programas de milhagem aérea, como também as moedas criadas e válidas nos jogos eletrônicos que conformam a *Massive Multiplayer Role Playing Games* (jogos populares online com multijogadores), como o *World of Warcraft*, o *Second Life*, o *Eve Online*, dentre outros.

As moedas virtuais são comumente confundidas com as moedas digitais, as quais são controladas por bancos centrais e governos, e podem ser transferidas eletronicamente. Lembre-se: toda moeda digital é virtual; entretanto, nem toda moeda virtual é digital.

Focando nos jogos de entretenimento, os dados de 2017 apontam que a economia de bens virtuais representaram mais de US$ 100 bilhões em vendas mundiais.*

Alguns deles, inclusive, lançam mão de moedas reais para aquisição de moedas virtuais, de modo que seja possível obter acessórios, privilégios, perfil premium no mundo virtual, dentre outras inúmeras possibilidades do uso do dinheiro em meio à economia virtual.

Há outros jogos, taxados, inclusive, como *Pay to Win* (P2W), como o *Crossfire*, que dão oportunidade de os jogadores pagarem caro por armas que terminam sendo determinantes para o êxito nas batalhas.

São mundos da fantasia que geram lucros bem palpáveis na vida real. Tais jogos são muitas vezes mais** populosos que inúmeras cidades, passam a ter vida autônoma com culturas, sistemas e governos próprios, de tal modo que criam economias para além do mundo virtual.

Muitos jogadores, principalmente os profissionais, conseguem viver dos recursos advindos dos nichos gerados da economia virtual de seus jogos, tornando menos importante a divisão que se costuma fazer entre virtual e real, jogo e trabalho, dentre outras antíteses quase ultrapassadas.

Ilustração boa desse universo de entretenimento criativo*** se observa com as pessoas que jogam visando acumular bens

---

* Mais informações em Ecb.europa.eu/pub/pdf/other/virtualcurrencyschemes201210en.pdf. Vale aprofundar o tema neste lugar na internet: Inc.com/magazine/201702/zoe-henry/real-money-fake-things.html.

** Vale a leitura desse artigo: Forbes.com/2006/08/07/virtual-world-jobs_cx_de_0807virtualjobs.html#4050ada39eeb.

*** De fato, a economia criativa perdeu seu segmento carro-chefe. Até então, era a indústria do audiovisual que puxava para cima o PIB criativo mundial, mas, desde 2015, os jogos de entretenimento tomaram a liderança.

virtuais difíceis de se obter, como espadas especiais, escudos encantados, superpoderes e poções mágicas. Com tais bens em mãos, em seus baús virtuais, criam mercados paralelos de vendas no mundo real. Isso ocorre porque há a aplicação do conceito mundano de escassez nos jogos.[*]

O mercado paralelo de vários jogos vem sendo combatido de diversas maneiras por parte dos desenvolvedores. Em certos casos, eles terminam criando seus próprios mercados de trocas, formalizando-os em benefício próprio.

Depois desse breve sobrevoo, já é possível compreender melhor o contexto em que o Bitcoin se insere. Ele é tido como moeda digital e moeda virtual. Isto porque ele não existe no mundo real, ainda que facilite o modo de pagamento de bens e serviços neste universo. Moedas virtuais não se destinam a ser usadas em "transações da vida real", mas o Bitcoin ultrapassa tal fronteira, podendo ser entendido como um banco completo, com a sua própria moeda. Ele armazena, protege e transfere o seu dinheiro para qualquer lugar do mundo com internet. Além de assegurar que não haverão novas emissões de moeda – apenas 21 milhões de Bitcoins, divisíveis até a oitava casa decimal. Desta forma, ele pode abarcar o dinheiro do mundo inteiro em um ativo seguro e anti-inflacionário.

---

[*] Eis um bom percurso para se aprofundar nesses submundos: *Play Money*, de Julian Dibbell.

BLOCO B

ORIGENS
E MARCOS
DO BITCOIN
E DO BLOCKCHAIN

6. Movimento Cypherpunk e a Provável Origem do Bitcoin

"No princípio, criou Deus os céus e a terra. E a terra era sem forma e vazia; e havia trevas sobre a face do abismo; e o Espírito de Deus se movia sobre a face das águas. Deus disse: Faça-se a luz! E a luz foi feita."

GÊNESIS 1:1-3

Como toda boa história, há trechos controversos, outros malditos e até não ditos. Há mocinhos, bandidos; mortos e feridos...

Fato é que o Bitcoin, também conhecido por sua sigla BTC, abriu a fronteira mundial das moedas digitais, criptografadas, descentralizadas, anônimas e instantâneas.

Calma, estas características serão exploradas mais à frente. Antes, às origens.

Em 2008, o capitalismo atingiu o momento crítico na crise imobiliária dos Estados Unidos.* Títulos de créditos do banco de investimentos Lehman Brothers – então o quinto dos EUA – estavam tão supervalorizados (chegaram a valer 50 vezes o valor real) que sua engrenagem se rompeu a partir dos que começaram a duvidar de seus preços. O nível de confiança neles foi baixando, e um efeito dominó se deflagrou. Uma sequência de calotes arrastou o sistema para um colapso sem precedentes. Se alguma grande empresa quebrasse, levaria consigo todo o sistema, notadamente supranacional, à falência. O governo americano foi então obrigado a intervir. Grandes empresas formaram a lista que ficou conhecida pelo nome *too big to fail* (grandes demais para quebrar (falir)). Tal lista desse momento histórico nos EUA incitou multidões às ruas – conforme registrado na foto da página seguinte – para protestar pelos direitos dos cidadãos em detrimento dos *big players* do capital financeiro.

---

* Se não assistiu ainda, corra para ver *A Grande Aposta*, dirigido por Adam McKay.

Quando a crise surgiu, o governo teve de usar os próprios tributos pagos pelo povo para cobrir o rombo (talvez o maior *bailout** da história). Uma hipótese pior é a de que tais grandes empresas já sabiam que estavam na lista; assim, teriam ajudado o sistema a chegar em tal situação para se beneficiarem. Ou seja, mais uma vez, o sistema financeiro terminou premiando as pessoas erradas, aquelas que haviam jogado com o dinheiro dos outros, dos mais pobres, dos mais vulneráveis. O movimento Occupy Wall Street, por exemplo, foi às ruas exigir mudanças.

* Palavra inglesa (de *bail*: fiança, garantia) que, em economia e finanças, significa uma injeção de liquidez dada a uma entidade (empresa ou banco) falida ou próxima da falência, a fim de que possa honrar seus compromissos de curto prazo.

Por coincidência ou não, um grupo de hackers indignados se juntou para inaugurar um novo sistema* financeiro, um sistema descentralizado que poderia empoderar a população na gestão e controle de suas finanças. Este grupo foi chamado de Cypherpunk.

Um registro merecido aqui para Julian Assange, que publicou um texto** justamente sobre o movimento. Assange foi o editor chefe e o visionário por trás do Wikileaks. O livro *Cypherpunks – liberdade e o futuro da internet* (Editora Boitempo, 2013) é fruto de discussões dele com um grupo de jovens ativistas que integravam a linha de frente do ciberespaço (Jacob Appelbaum, Andy Müller-Maguhn e Jérémie Zimmermann). A obra aborda a questão da vigilância em massa, da censura e da liberdade. Assange trata o Cypherpunk como um movimento popular que atingiu o auge de suas atividades com as criptoguerras e após a censura da internet durante a chamada Primavera Árabe (2011). Em junho do mesmo ano, Assange, que é australiano, conseguiu asilo político na embaixada do Equador em Londres, com receio de que questões diplomáticas o levassem às autoridades dos EUA.

O movimento Cypherpunk*** já existia desde os anos 1990, associado à luta pela inserção da criptografia (linguagem cifrada) para proteger a privacidade dos indivíduos no mundo digital e afastar o controle de dados por agentes governamentais, institucionais, comerciais etc.

---

* Veja a versão do Rafael Cabral com os hackers de Londres. Gizmodo.uol.com.br/tudo-sobre-o-Bitcoin/.
** Uk.businessinsider.com/goldman-sachs-and-jpmorgan-pitching-total-return-swaps-profit-from-the-next-financial-crisis-2017-10.
*** Vale aprofundar o conhecimento em Tecmundo.com.br/criptografia/41665-cypherpunk-o-ativismo-do-futuro.htm.

O termo *cypherpunk* é justamente uma junção de *cypher*, referência à criptografia, e *cyberpunk*, subcultura underground ligada às tecnologias de informação e à cibernética.

Atores como David Chaum inspiraram o movimento ao criar a *DigiCash* nos idos de 1990, aproximando-se de uma moeda digital, como é o Bitcoin. Outros precursores, de que se tem registro (e que influenciaram na configuração do algoritmo do Bitcoin), foram: Adam Back, desenvolvedor da Hashcash; Wei Dai, do B-Money; Nick Szabo, do BitGold,[*] dentre outros.

Mas foi em 2008, durante a crise financeira mundial, que Satoshi Nakamoto (pseudônimo de alguém, ou um grupo de pessoas, nunca identificado e que ironicamente em japonês significa algo como *João da Silva*) mesclou todas essas ideias e as colocou em prática através do paper[**] de nove páginas que deu origem ao Bitcoin. Ele conclui seu artigo, após muitos trechos técnicos ligados à programação, falando sobre confiança:

> We have proposed a system for electronic transactions without relying on trust. We started with the usual framework of coins made from digital signatures, which provides strong control of ownership, but is incomplete without a way to prevent double-spending. To solve this, we proposed a peer-to-peer network using proof-of-work to record a public history of transactions that quickly becomes computationally impractical for an attacker to change if honest

---

[*] Mais em Nytimes.com/2015/05/17/business/decoding-the-enigma-of-satoshi-nakamoto-and-the-birth-of-Bitcoin.html.

[**] Artigo tem o nome de "Bitcoin: A Peer-to-Peer Electronic Cash System" e está disponível em Bitcoin.org/Bitcoin.pdf.

> *nodes control a majority of CPU power. The network is robust in its unstructured simplicity. Nodes work all at once with little coordination. They do not need to be identified, since messages are not routed to any particular place and only need to be delivered on a best effort basis. Nodes can leave and rejoin the network at will, accepting the proof-of--work chain as proof of what happened while they were gone. They vote with their CPU power, expressing their acceptance of valid blocks by working on extending them and rejecting invalid blocks by refusing to work on them. Any needed rules and incentives can be enforced with this consensus mechanism.* (NAKAMOTO, 2008, p. 8)

O artigo de Satoshi Nakamoto pode ser visto como uma Bíblia dos novos tempos, onde a palavra da salvação tem como finalidade libertar as pessoas da escravidão do sistema – a escravidão financeira. Digo Bíblia porque tal obra é tão grandiosa quanto a original, e foi igualmente doada à humanidade, desprovida de qualquer vaidade e autoria. Isto posto, só pode ser considerada uma criação divina ou até mesmo alienígena. Certamente, de um humano, errático por natureza, não pressupomos que viria. Afinal, o que pode ser mais fato do que uma boa história contada através de gerações?

Assim, em novembro de 2008, foi lançado anonimamente, com poucos rastros, o Bitcoin: o primeiro sistema monetário autônomo e sem dono.

Veremos mais detidamente adiante que a expectativa de valorização do Bitcoin se baseia na viabilidade de substituição das moedas tradicionais, seja em uma fatia significativa das transações realizadas atualmente por seu intermédio ou mesmo de forma integral.

Além do mais, o algoritmo matemático computacional[*] do Bitcoin é tido como inalterável e inviolável. Logo, torna-se mais "confiável" do que os governos dos países. Sua operação é baseada no fato de cada Bitcoin ser produzido e rastreado para impedir sua duplicação e falsificação, pois o sistema tem uma quantidade limitada de criptomoedas que não ultrapassa 21 milhões de Bitcoins, por regra de sua constituição escrita em código de programação espalhado pelo mundo todo.

HISTÓRIA

2008
- Nakamoto publica o artigo base
- Bitcoin.org é registrado
- O domínio foi registrado no anonymousspeech.com

2009
- Versão 0.1 é lançada
- A primeira transação de Bitcoin

2010
- Acontece a primeira transação real usando Bitcoin

2013
- O primeiro caixa eletrônico de Bitcoin é lançado na Califórnia, EUA
- Bitcoin é considerado moeda pela justiça do Texas
- Bitcoin é julgado capital privado na Alemanha

---

[*] Falaremos adiante sobre isso no Bloco C, acerca da tecnicidade da rede Blockchain e Bitcoin.

Assim, o sistema começou a rodar oficialmente (mainet) às 18h do dia 3 de janeiro de 2009 na máquina de Satoshi, e até hoje é marcado como o primeiro bloco, ou bloco gênesis:

Bitcoin 1A1zP1eP5QGefi2DMPTfTL5SLmv7DivfNa in Block 0
Full Bitcoin Block 0

Number Of Transactions	1
Output Total	50 BTC
Height	0
Time	2009-01-03 18:15:05 UTC
Mined by	EThe Times 03/Jan/2009 Chancellor on brink of second bailout for banks
Difficulty	1
Bits	486604799
Version	1
Nonce	2083236893
Block Reward	50 BTC
Days Destroyed	0
Hash	000000000019d6689c085ae165831e934ff763ae46a2a6c172b3f1b60a8ce26f
Previous Block	
Next Block(s)	
Merkle Root	4a5e1e4baab89f3a32518a88c31bc87f618f76673e2cc77ab2127b7afdeda33b

tx:4a5e1e4baab89f3a32518a88c31bc87f618f76673e2cc77ab2127b7afdeda33b	50 BTC	Fee: 0 BTC
Newly Generated → 1A1zP1eP5QGefi2DMPTfTL5SLmv7DivfNa		50 BTC

O bloco #0 ou bloco gênesis foi hardcoded (codificado) por suas características especiais: ele é o único que não aponta para nenhum bloco anterior (por razões óbvias). No seu hash foi encriptado o bloco junto com a mensagem "The Times 03/Jan/2009 Chancellor on brink of second bailout for banks", manchete do jornal daquele dia. Além de servir como prova datada, a manchete escolhida representa justamente uma crítica ao sistema bancário.

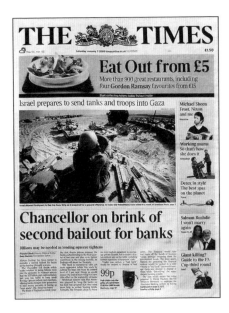

Governo fará segundo bailout para instituições financeiras.

A transferência inaugural de Bitcoin foi feita em 12 de janeiro de 2009 para Hal Finney, o primeiro a fazer download do software e a minerar o bloco 170 com 50 BTCs de Satoshi (ver figura da pg. 69). Finney foi escolhido em homenagem ao seu importante trabalho de criptografia proof-of-work, como veremos mais adiante.

Tuíte de Hal Finney comunicando o início de suas atividades com Bitcoin.

Outra hipótese é de que Satoshi tenha sido o próprio Hal Finney, que trocou mensagens com si próprio. Ele tinha uma doença degenerativa e acabou congelando o corpo depois que o Bitcoin ganhou a mídia. Existem reais referências a esta história. Seja lá quem ele for, é o único que pode mexer na carteira do bloco gênesis, como será explicado no Bloco C.

Eles ficaram minerando sozinhos até 2010, quando foi divulgado em um grupo de nerds de tecnologia. Dentro deste grupo, Laszlo Hanyecz fez a primeira oferta pública para trocar 10.000 BTCs por duas pizzas da Domino's. A oferta ficou no ar durante 4 dias, quando finalmente foi pega por Jercos (Jeremy Sturdivant), um garoto de 18 anos de idade na época. Então, no dia 22 de maio de 2010, a encomenda foi feita e a transação, realizada. Laszlo publicou no fórum a mensagem "Só para avisar que acabei de comprar uma pizza com 10.000 Bitcoins. Obrigado, Jercos!". E este dia é conhecido e comemorado até hoje como *Pizza Day* (Dia da Pizza).

Interessante imaginar que aquele mesmo valor, em Bitcoin, aportado por Finney na pizza, valeria hoje milhões de dólares.[*] Há até um endereço na internet que se dedica a atualizar diariamente o valor da pizza de Finney.[**]

A partir daquele momento, o Bitcoin passou a ser aceito como meio de pagamento por parte dos membros da comunidade em seus estágios iniciais. Desde então, lojas online e físicas começaram a cogitar a possibilidade de a criptografia operar fora de suas fronteiras, tornando-se, efetivamente, dinheiro.

---

[*] Mais informações dessa projeção em GuiadoBitcoin.com.br/tag/Bitcoin-pizza-day/.
[**] Twitter.com/Bitcoin_pizza.

Assim, o Bitcoin pode ser visto como um meio de apoio para redistribuir e redemocratizar o fluxo de renda em todo o planeta, utilizando a internet. Desacreditado e esquecido durante seus primeiros anos, o sistema de pagamento Bitcoin foi crescendo enquanto o capitalismo financeiro seguia seu curso.

A concentração de dinheiro hoje é tão alta, que apenas oito pessoas detêm metade da riqueza do mundo, incluindo Bill Gates, Larry Page, Warren Buffet e George Soros.

E no Brasil não é diferente. Aliás, é pior, já que apenas seis pessoas detêm riqueza equivalente ao resto da população mais pobre. Isso quer dizer que Jorge Paulo Lemann, Joseph Safra,

Marcel Herrmann Telles, Carlos Alberto Sicupira e Eduardo Saverin têm a mesma quantia que 210 milhões de pessoas.*

Depois de 10 anos e três vitórias (Mt.Gox, Hardfork e Contratos Futuros), parece não ter mais volta: o Bitcoin agora é, ele mesmo, *too big to fail*.

Wall Street se rendeu, e bilhões de pessoas fluem diuturnamente para o novo sistema já batizado de Blockchain. Como diz o jargão criado pelo próprio mercado financeiro: *money talks*.**

Wall Street já não consegue ignorar o Bitcoin,
a demanda é alta demais (2017).

---

* Mais detalhes desses dados atuais de desigualdade podem ser facilmente encontrados na internet.
** "O dinheiro fala mais alto" ou "O dinheiro é que manda".

Embora revolucionário, o Bitcoin não resolve totalmente o problema da má distribuição de renda, mas já melhora bastante. É o que vemos no artigo de Olga Kharif,[*] o qual registra que o mercado de Bitcoin também termina sendo um espelho dos níveis de desigualdade mundial, uma vez que aproximadamente mil pessoas detêm cerca de 40% da quantidade de moeda já negociada em BTC. Esses big players são chamados internamente de baleias e são agentes de preocupação de investidores, pois a movimentação deles influencia muito o mercado de Bitcoin. Há quem argumente que a maioria se conhece e pode coordenar ações de compra via especulação; outros afirmam que as baleias não irão despejar suas participações; afinal, acreditam no potencial de longo prazo da moeda.

Mesmo assim, a capacidade do Bitcoin de mudar as estruturas do capitalismo financeiro está presente em sua natureza e em sua dinâmica.

---

[*] Em Bloomberg.com/news/articles/2017-12-08/the-Bitcoin-whales-1-000-people-who-own-40-percent-of-the-market.

7. Bitcoin, Versão de Vanguarda e Valorização

> *"Bitcoin não é apenas uma forma de realizar transações globais com baixo ou nenhum custo. Bitcoin é, na realidade, uma forma de impedir a tirania monetária. Essa é a sua verdadeira razão de ser."*
>
> **JON MATONIS**

A Valorização do Bitcoin

De modo geral, podemos afirmar que o Bitcoin surgiu como a primeira criptomoeda descentralizada da história. Sua rede conforma um sistema financeiro alternativo, que atua de modo distribuído ponto-a-ponto (peer-to-peer ou P2P), o que implica dizer que não há intermediação, tampouco administração central. Ele carrega uma natureza revolucionária junto ao sistema bancário internacional, com implicações profundas na vida das pessoas, em diversos aspectos (examinaremos essa questão no Bloco D).

Desde seu lançamento, o Bitcoin tem dado o que falar, principalmente por causa dos ganhos estratosféricos que os primeiros investidores tiveram ao se arriscarem em uma rede com mais incertezas do que certezas, lá em 2009. Tal performance ascendente pode ser observada nas imagens a seguir. Notem que houve um *boom* em 2014 e subida positiva determinante a partir de 2016.

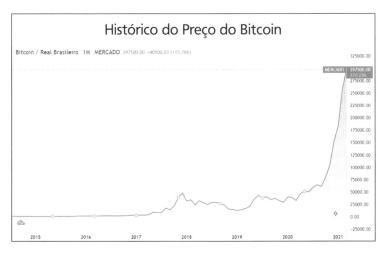

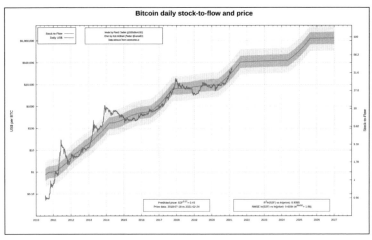

Este gráfico mostra a precisão matemática do preço do Bitcoin em uma análise logarítmica junto com os halvings (Bloco C).

Vamos caminhar ano a ano para entender melhor o gráfico que traz o desempenho histórico do Bitcoin. No entanto, vale registrar que o Bitcoin não tem um preço oficial, diferentemente das moedas fiduciárias.* Seu valor tem sido apurado considerando-se índices como os Bitcoin Average e CoinDesk, que apuram médias baseadas nos preços em casas de câmbio, em todo o mundo.

Em 2009, nossa criptomoeda não foi negociada em casas de câmbio, mas, em 2010, registrou-se a primeira transação. Assim, tecnicamente, em 2009, ela não valia nada: US$ 0. Ao longo de seu primeiro ano de vida, o Bitcoin chegou a valer US$ 0,39.

Já em 2011, o Bitcoin teve elevação de preço, chegando a alcançar paridade com o dólar americano. A Rede Bitcoin era ainda muito tímida e restrita a poucos entendedores. Ali conformavam os *early adopters*, que terminaram sendo os que mais ganhos obtiveram nos primeiros anos.

---

* Falamos sobre elas em nosso primeiro Bloco. Qualquer dúvida é só voltar lá.

Sobre Rumores de Pirâmide

Devido aos grandes ganhos dos *early adopters*, muito se tem acusado o Bitcoin de *pirâmide*, por esse motivo vale uma ressalva aqui para desmistificar tal dúvida.

Um clássico modelo de pirâmide precisa ter uma hierarquia, com pessoas trabalhando em baixo de você e repassando parte dos seus proventos para cima, no caso você. Mais ainda, é necessário que a maior parte do seu rendimento seja proveniente deles. Dessa forma, você poderia parar de trabalhar um dia e viver do trabalho das pessoas abaixo. No entanto, se esse raciocínio for replicado sucessivamente para as pessoas que estão abaixo, um dia não haverá mais pessoas para entrar e a pirâmide começará a ruir de baixo para cima.

Outro modelo de pirâmide bastante comum acontece quando agentes terceiros prometem ganhos fixos (ex. 10%) para quem coloca seu dinheiro lá. O agente então passa o dinheiro do novo entrante recompensando o anterior como prometido. Quando não houver mais novos entrantes, acaba a recompensa e a pirâmide... Pirâmides são difíceis de identificar porque o número de novos entrantes é enorme e ela pode demorar anos, ou até décadas, para desmoronar, sendo invisível no curto prazo.

De 2011 até 2013, observamos o primeiro *boom* da moeda. Uma unidade da criptomoeda chegou a valer centenas de dólares. A maioria das transações registradas neste período advinha do Oriente, da Bolsa Mt. Gox, com sede no Japão e ali lançada em julho de 2010.* Vale o curioso fato do mundo dos nerds: o nome da Bolsa Mt. Gox é uma homenagem ao famoso jogo de cartas de RPG, *Magic: The Gathering*.

---

* Cartacapital.com.br/blogs/antonio-luiz/Bitcoin-a-telexfree-dos-ricos-cultos-e-descolados-3305.html.

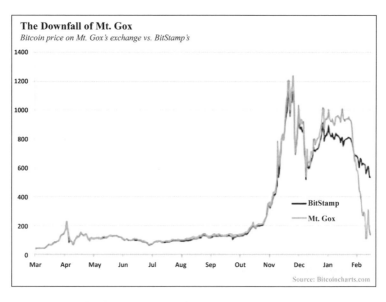

O tombo da Mt. Gox: preço do Bitcoin nas exchanges Mt. Gox *versus* BitStamp.

Em 2014, a moeda passou a ganhar mais destaque nas mídias do Brasil. No entanto, naquele ano, foi considerada um dos piores investimentos, pois o valor do Bitcoin caiu quase 60% segundo estudo da Bloomberg que levou em conta 175 cotações.* A queda ocorreu pelo fechamento inesperado da Bolsa após 850 mil Bitcoins serem perdidos e tal fato não ter sido informado aos seus investidores. Assim, cerca de 7% da quantidade total de Bitcoins em circulação passou a ficar disponível na rede, baixando seu valor. O episódio foi um banho de água fria para muitos, já que, naquele momento, seu valor médio estava em cerca de 800 dólares, chegando à metade desse valor após o acontecimento.

---

* Exame.abril.com.br/tecnologia/Bitcoin-e-considerado-pior-moeda-de-2014/.

Espantosamente, apesar do mau desempenho do ano anterior, que acabou gerando muitas manchetes negativas, em 2015, o Bitcoin teve sua melhor performance, comparativamente a outros ativos. Superou a taxa de crescimento e o valor de moedas emergentes, como a libra esterlina, o iene japonês, o yuan chinês e mesmo o dólar americano.*

Foi a partir desse ano que os fundos de investimento de Bitcoin passaram, de forma um tanto inesperada, a desempenhar papel relevante junto aos mercados públicos.

Semelhante desempenho ocorreu em 2016, quando o Bitcoin superou o rendimento do índice Ibovespa, segundo a plataforma Economatica. De dezembro de 2016 a dezembro de 2017, o Bitcoin registrou valorização de cerca de 50%, enquanto o Ibovespa, no período, foi da ordem de 36%.**

Em 2016, um fundo público de Bitcoin, liderado por Barry Silbert, registrou número ascendente de investidores consolidados e de alto padrão na Nasdaq (Bolsa de Valores norte-americana de tecnologia), tendo transacionado a criptomoeda a US$ 630, o que representa mais de 30% do que a média registrada dos demais ativos.

Mas o melhor ano para as criptomoedas foi 2017, período em que o Bitcoin foi amplamente divulgado na mídia. Profetas do apocalipse alçaram vozes contra uma bolha nos ativos digitais, e muita gente nova entrou no barco. O crescimento do volume de dinheiro aportado em diversos projetos cresceu consideravelmente, e, nas mesmas proporções, cresceram os retornos e os riscos.

No final de 2017, uma unidade do Bitcoin chegou a valer U$ 20 mil. Tal frisson de alta levou os investidores a procurar

---

* Bitcoinnews.com.br/Bitcoinbrasil/Bitcoin-encerra-2015-como-a-moeda-de-melhor-desempenho-do-ano/.
** Epocanegocios.globo.com/Mercado/noticia/2016/12/Bitcoin-teve-valorizacao-de-quase-50-sobre-o-real-em-2016-aponta-economatica.html.

altcoins. Com o avanço do número das chamadas moedas alternativas, ele terminou não ficando entre as top 10 mais negociadas naquele ano. Mesmo assim, o Bitcoin segue sendo a moeda mais valorizada do mundo (CoinMarketCap.com).

A valorização ultrapassou os 1.300%, chegando a alcançar um valor de mercado de cerca de US$ 250 bilhões. Também passou a ser tema central de rodas de conversas das mais variadas, para além dos circuitos dos mercados financeiros ou nerds.

Como dinheiro é uma forma importante de poder, isso acabou virando uma luta política, e, para frear o movimento, o mercado tradicional decidiu aprovar a negociação do Bitcoin em algumas Bolsas de Mercados Futuros, utilizadas pelos fundos de hedge. A partir desse momento, tornou-se possível apostar na queda do Bitcoin. Vendê-los e realizar o lucro passou a ser a melhor pedida.

Então, a alavancagem do Bitcoin começou trazendo mais oscilações ao mercado (leia-se grandes quedas bruscas), afinal, uma compra no mercado futuro tem prazo para vender. Enfim, menos pessoas atreladas ao movimento e mais especuladores realizando lucros.

Não deu outra. Nos primeiros meses de 2018, tivemos o primeiro susto: o Bitcoin se hiperdesvalorizou e chegou a apenas US$ 1 mil. As apostas de *short* eram como uma coleira segurando um pastor alemão enfurecido. Bem-vindo à Wall Street!

Sobre Rumores de Bolha

O Bitcoin é *imbolhável*! Pedimos licença aqui para esse neologismo, somente para reforçar nosso entendimento de que o

BTC, por essência, não atua com características de uma bolha financeira especulativa.

Vamos considerar aqui dois tipos de bolha. O primeiro é aquele em que uma agulha vai estourá-la, e o ativo deixará de existir. O segundo é representado por bolhas temporárias provenientes de grandes oscilações.

Para o primeiro tipo, podemos dizer que o Bitcoin é um sistema descentralizado, com milhões de cópias distribuídas pelo mundo todo em nodes. Muita gente, como eu, tem um fullnode, um nó do Bitcoin rodando para servir o sistema. Portanto, enquanto existir um nerd com um nó rodando na Indonésia, por exemplo, o Bitcoin existirá e estará disponível. Não precisa de muitos computadores para processar a rede, a grande quantidade de processamento é devida à competição para ganhar a recompensa e não para a carga de transações. Além disso, hoje há satélites com Bitcoin que irão manter a rede mesmo se a internet cair. Já existe Bitcoin até em Marte. Uma bolha impossível de estourar.

Para o segundo tipo, sim, surgirão várias bolhas ao longo do tempo, assim como foi a bolha da internet no ano 2000: o mercado estava altamente alavancado e estourou. Mas sabemos que as pontocom estão aí até hoje, mais valiosas do que nunca, contudo, perto de uma nova bolha.

É importante ter em mente que as bolhas do segundo tipo são tão grandes quanto maior for a alavancagem do mercado. Ao criar um mercado de futuros (derivativos), a bolha inclusive tem prazo certo para estourar. O mercado alavancado empresta dinheiro para quem não tem para investir ou para quem quer aumentar a posição e poder ganhar mais. Com cada vez mais gente arriscando o que não tem, eventualmente chega uma hora que alguém perde, não consegue pagar a dívida e o sistema alavancado vai pro brejo. A bolha estourou, como estourou a crise imobiliária.

Um sistema financeiro mais saudável e robusto é aquele em que o risco é reduzido, empresta-se pouco, aposta-se pouco e as oscilações do mercado são menores. Uma das vantagens do Bitcoin é que se você tem as chaves, pode impedir que ele seja alavancado.

Logo, o valor do Bitcoin aumenta porque mais pessoas estão adotando a moeda. É o efeito de rede em andamento. Quanto mais pessoas se envolvem com ela, mais valor ela tem. E, por outro lado, se as pessoas abrem mão dela, o preço diminui.

Ora, ocorre que o Bitcoin conforma um sistema que limita a quantidade de criptomoeda emitida de forma descendente, começando com uma inflação alta para atrair compradores e reduzindo ao longo do tempo pelo Halving, que será descrito no Bloco C. O efeito de disseminação em rede, mais a conhecida lei de oferta e demanda, produzem uma receita fortíssima para o crescimento da moeda.

Diferentemente do que ocorreu com a tulipa no século 17, o Bitcoin não é passível de bolha. Em 1634, na Holanda, as tulipas se tornaram uma mercadoria muito apreciada e terminaram sendo negociadas em várias Bolsas de Valores no país. Mas era uma bolha, já que, em 1637, os preços despencaram e o pânico veio à tona quando elas passaram a ser transacionadas a uma fração do que valiam antes conforme podemos ver na imagem da página seguinte. Muitas famílias foram à bancarrota.[*]

---

[*] Mais informações na obra de William Stanley Jevons, de 1875, *Money and the Mechanism of Exchange*, disponível em Oll.libertyfund.org/titles/jevons-money-and-the-mechanism-of-exchange. Há também essa referência: themarketmogul.com/Bitcoin-tulip-mania. Se for do seu interesse, assista ao instigante vídeo que conta essa história: Youtube.com/watch?v=w6MeB5uLflo e visite Elliottwave.com/Stocks/Just-in-Time-Tulip-Mania-Blossoms-Again.

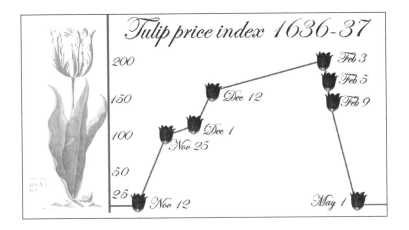

Assim, temos que ter em mente que o Bitcoin vale o preço que as pessoas querem comprar e vender. E, via de regra, isso tem mais a ver com aspectos do campo da psicologia humana do que do mundo dos cálculos matemáticos. Então, melhor deixar de lado as emoções e escolher uma estratégia para basear suas transações.

É importante dizer que estamos em meio a uma transição monetária, em especial do ouro que é a principal reserva de valor, não gera caixa. Por isso muita gente não considera o Bitcoin como investimento. Mas ele também pode ser visto como banco, aí fica a questão: um banco é um investimento?

Por exemplo, você pode usar o método conhecido como **média de custo do dólar**, se a intenção for acumular Bitcoin. Neste caso, você separa uma quantidade fixa mensal para comprar Bitcoin, independentemente do preço. Dessa forma, poderá acumulá-lo a um preço médio razoável, sem enfrentar a ansiedade por buscar se antecipar às variações repentinas que o Bitcoin pode sofrer.*

---

* BuyBitcoinworldwide.com/pt-br/preco/.

O tempo mostrou que o Bitcoin era mais resistente do que uma bolha quando, em 2020, o mundo foi tomado de assalto por uma pandemia, um coronavírus ou mais precisamente o Covid-19 (SARS-CoV-2), que começou na China e se espalhou para o mundo inteiro. Milhões de pessoas morreram e vários países tiveram que entrar em lockdown, as pessoas ficaram de quarentena e as empresas pararam de produzir em grande parte. É claro que a economia foi abalada. A Bolsa de Valores chegou a cair 50% no mundo todo e os governos tiveram que começar a intervir para impedir o colapso.

Pouco a pouco os pacotes de injeção de capital foram sendo aprovados. Só os Estados Unidos emitiram mais de 2 trilhões de dólares. Sabemos que ao criar mais moedas, o valor delas inevitavelmente cai. As Bolsas se recuperaram aos poucos, no entanto, a inflação tarda mas não falha.

O Bitcoin acabou se mostrando um ativo forte, afinal, por coincidência da história, 2020 (ainda por cima) era o ano do Halving. A inflação do Bitcoin passaria de 3,4% para 1,7% ao ano, pela primeira vez menor que o ouro, que foi de 2%.

Com as moedas nacionais (Fiat) inflacionando e o Bitcoin deflacionando devido ao Halving, não deu outra, o ouro digital se valorizou 415% no ano, e foi em 30/11/20 que o Bitcoin retomou sua máxima histórica de 20 mil dólares. Em real já tinha até batido antes porque a inflação do real é ainda maior.

Se consagrando como o melhor investimento de 2020 e vários bancos de renome apontando o ativo como a melhor proteção contra a crise, o mercado corporativo começou a se mexer. Michael Saylor, o CEO da MicroStrategy, foi o primeiro a enxergar o que estava por vir e anunciou uma compra pessoal de 1 bilhão de dólares em Bitcoin. Depois disso, anunciou ainda a primeira compra de Bitcoin para o caixa de sua empresa (a MSTR). No final do ano viu suas ações subirem 350% na Bolsa.

De olho nesse fenômeno, nada mais, nada menos do que Elon Musk, então a pessoa mais rica do mundo, anunciou pouco depois a compra de Bitcoin para o caixa da Tesla, Inc. A notícia saiu em todos os jornais do mundo e Michael Saylor ganhou o apelido de Bitcoin Jesus por abrir as portas do mundo corporativo para o Bitcoin. Agora a pergunta não é mais quem será o próximo e sim quem será o último a entrar. No momento deste texto (março de 2021), 1 BTC acaba de bater R$300.000,00.

Em 2021, a China decidiu banir o Bitcoin, fechando mineradoras e exchanges. Foram despejados 1 trilhão de dólares em criptomoeda no mercado, o que fez o Bitcoin cair quase 80%. Muitos disseram novamente que era o fim. Seis meses depois o Bitcoin já estava batendo o ATH (All-Time-High, máxima histórica em inglês). O Bitcoin se tornou maior que a China.

Outro marco importante foi El Salvador se tornar o primeiro país a oficializar o Bitcoin como moeda corrente. Isso também significa que é o primeiro Banco Central a comprar Bitcoin. Outros seguirão.

Finalmente, a Hungria foi o primeiro país a inaugurar um monumento a Satoshi totalmente espelhado.

Como se diz: #somostodossatoshi

8. O Modelo Blockchain

"Você não muda as coisas lutando contra a realidade atual. Para mudar algo é preciso construir um modelo novo, que tornará obsoleto o modelo atual."

BUCKMINSTER FULLER

A história do Bitcoin se confunde com a história do Blockchain, assim como as informações técnicas* associadas a eles. Isso porque suas origens são mesmo coincidentes. No entanto, funções e perspectivas são diferentes e merecem a nossa atenção.

Ocorre que o Bitcoin foi a primeira aplicação realizada com a programação algorítmica do Blockchain, que na época, em 2009, respondia apenas pelo título Bitcoin. Dentro do sistema Bitcoin era mencionado, a grosso modo, o Blockchain, uma rede que permite gravar informações em um banco de dados distribuídos de forma autorregulada.

A primeira vez que o conceito de Blockchain foi mais bem entendido, independentemente do Bitcoin, se deu por meio da plataforma Ethereum.

A seguir, explicaremos seus conceitos básicos e como uma organização tradicional se mapeia para as novas organizações autônomas chamadas DApps (Decentralized Applications).

Portanto, em 2015, um garoto (que acompanhou o Bitcoin desde o início) enxergou, aos 17 anos, a importância deste subsistema e alertou o mundo para algo além, dentro desta tecnologia. A partir daí, o Bitcoin poderia não só mudar todo o sistema financeiro mundial, o que já é muito ambicioso, mas também dar luz ao Blockchain, um sistema que não só tem *o poder de*, como *vai* mudar todo o resto, como veremos mais adiante.

Este garoto era Vitalik Buterin, pesquisador e programador de criptomoedas, que aproveitou o sistema Blockchain que já era usado no Bitcoin e estendeu o código para criar a Rede

---

* Trataremos detidamente sobre Bitcoin e Blockchain no próximo Bloco.

Ethereum. A promessa desta nova plataforma era transformar qualquer empresa existente em uma organização autônoma e independente. Mesmo que ainda enfrentando alguns problemas técnicos, o mundo não está preparado para isso.

A Ethereum foi inicialmente proposta no final de 2013 por Buterin e lançada como plataforma na internet em 2015, via resultados positivos de crowdfunding e a partir da publicação do artigo de Gavin Wood na Wikipedia, em 2018.

Ela detém uma máquina virtual descentralizada, a EVM (*Ethereum Virtual Machine*), um supercomputador. Outra forma de classificá-la é apontando-a como uma plataforma para a criação de aplicações descentralizadas (*Decentralized Applications* – DApps) via contratos inteligentes.[*]

O Ether (ETH) é a moeda digital associada à plataforma, que tem como diferencial o fato de que toda transação deve ser paga em Ether, além de ter sido concebida de modo a poder, em tese, associar a programação do Blockchain à movimentação de contratos inteligentes para qualquer coisa que possa ser programado.

Mas o que são *contratos inteligentes*?

> *São pedacinhos de código que executam uma ação após determinados requisitos serem cumpridos – como, por exemplo, enviar uma parte dos lucros de um aplicativo a investidores depois de certa data. (OBERHAUS & PEARSON, 2017)*[**]

---

[*] Para aprofundar o conhecimento: Motherboard.vice.com/en_us/topic/smart-contracts.

[**] Motherboard.vice.com/pt_br/article/qv49eq/um-guia-para-iniciantes-sobre-ethereum-a-criptomoeda-da-moda.

Além de rodar códigos computacionais pagando em Ether (ETH), é possível criar uma variável dentro destes programas, que pode ter um comportamento de uma moeda cripto independente da moeda principal, ETH. Então, a plataforma Ethereum foi a primeira a criar um novo conceito chamado token. O token é uma variável guardada dentro de um contrato inteligente, que funciona como uma nova criptomoeda, sem precisar do lançamento de uma nova Rede Blockchain.

Pedimos que o leitor imagine um caso fictício: Ana, uma empreendedora que resolveu abrir uma loja online. Para isso, dentre outras ações, ela cria uma planilha para modelar seus negócios e a compartilha com seus investidores. Também formaliza sua documentação empresarial e abre uma conta junto a um banco qualquer. Os lucros da empresa da Ana passam a ser aportados na conta bancária e registrados na planilha contábil.

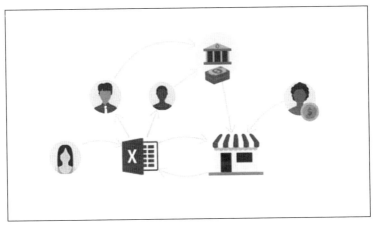

Imagem ilustrativa do caso da empresa da Ana.

Agora, com o surgimento do Blockchain Ethereum, não precisamos mais do banco, o dinheiro de todos poderá ser guardado na nuvem, como mostra a figura abaixo.

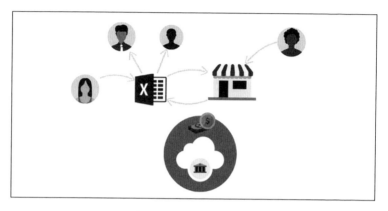

Se seguirmos em frente na mesma lógica, vamos chegar ao ponto em que as regras lógicas da planilha da Ana serão processadas automaticamente pela rede, e a própria loja poderá virar um e-commerce também na nuvem.

Interessante observar que estamos, no fundo, criando agora o cenário de futuro projetado no filme protagonizado por Sandra Bullock, *A Rede*. O futuro ali projetado, em 1995, por Irwin Winkler, poderá se tornar real; porém, com a tecnologia Blockchain, não será possível que um poder central altere o banco de dados.

Outro bom exemplo que gosto de citar é o caso da Uber. A empresa que todos conhecem promoveu uma disrupção no mercado ao questionar o papel das cooperativas de táxi por meio de um sistema de rating. À medida que usuários dão estrelas a um motorista, ele se torna mais confiável para os demais. Com o sistema de rating acoplado a um sistema de rotas inteligentes (Waze, por exemplo), a Uber pode garantir uma empresa com serviço prestado 100% por computador.

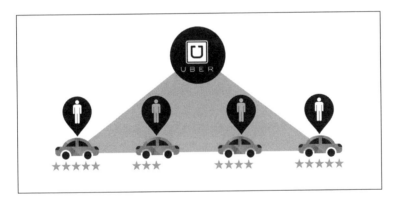

Agora, com o advento do Blockchain, é a vez da própria Uber ser questionada. Ela pode simplesmente ser um programa ou um contrato inteligente depositado na Rede Ethereum, com regras fixas em sua constituição. O que muda? Primeiro que o sistema como um todo se torna mais eficiente ao não pagar funcionários e nem dar lucro aos acionistas. Então, quando hoje a empresa Uber, por exemplo, pega 25% do valor pago pelo usuário, uma Blockchain pode ficar com muito menos, ou seja, melhor para o motorista, que ganha mais, e para o passageiro, que paga menos.

Outra mudança importante é a governança. Enquanto a Uber pode, a qualquer momento, aumentar o lucro dos acionistas subindo a taxa para 26%, por exemplo, na Rede Ethereum é preciso a concordância de grande parte da comunidade para fazê-lo.

Sendo assim, a empresa Uber não precisa mais existir.

Ela agora é um computador com processamento distribuído pela própria comunidade, que recebe uma recompensa em Ether por ceder o processamento.

Sendo assim, todas as organizações do futuro – que são basicamente intermediários – poderão ser questionadas, começando pela lista: Facebook, Airbnb, Netflix e Alibaba.

Em 2020, ficou claro o problema de escalabilidade de sua arquitetura, e este futuro vai ter que esperar um pouco.

Quanto maior a demanda, mais lentas e caras ficam as transações.

BLOCO C

TECNICIDADES
QUE QUALQUER
BOM ENTENDEDOR
TEM QUE SABER

9. O Sistema Blockchain

> *"Design não é apenas o que parece e o que se sente. Design é como funciona."*
>
> **STEVE JOBS**

O Blockchain é a tecnologia que pode transformar a base de todo um sistema econômico e, consequentemente, a forma como organizamos a nossa sociedade. Conhecido como **"protocolo de confiança"**, o Blockchain é um sistema para transações digitais que permite a transferência de valor online sem a necessidade de um intermediário.

O Blockchain nada mais é do que uma combinação de três tecnologias: a internet, a criptografia e o protocolo peer-to-peer em um sofisticado sistema de governança formado por códigos e algoritmos, que usa a teoria dos jogos para alinhar os incentivos da rede em prol da colaboração, fazendo com que seja melhor colaborar com a rede do que tentar burlá-la. O incentivo à traição é muito alto. Se os países se juntarem contra o Bitcoin, quem trair primeiro sai na vantagem.

Em tradução livre, *blockchain* significa *corrente de blocos*. Essa tecnologia é uma inovação na forma de registrar e distribuir informações, pois permite que a rede entre em um consenso e registre simultaneamente as informações sobre as transações de valor em todos os pontos.

A internet é uma tecnologia superconhecida, com uma vasta literatura já disponível. Os outros dois conceitos serão abordados em breve.

A criptografia do Blockchain está associada a cadeias de blocos com estrutura distribuída, que tornam confiáveis o Bitcoin e outras criptomoedas.

Cada bloco contém registros das movimentações. Ao passo que cada transação que ocorre e é confirmada (a partir da transferência de um valor), o bloco registra tal processo, apontando quem ficou com menos e quem ficou com mais. Cada novo movimento gera novos registros.

No caso do Bitcoin, ficou determinado que a cada 10 minutos um bloco é finalizado, registrando, assim, todas as transações desse período.

O bloco tem que ter também uma característica importante para sua concretização ocorrer: necessita possuir um código que associe o bloco novo ao imediatamente anterior e que, por sua vez, será resgatado pelo bloco subsequente.

Logo, cada bloco deve fazer menção ao pregresso para ser validado e ter perfil imutável, que impede que alguém modifique o histórico desse processo. No fim, esse processo termina se assemelhando muito a um livro-razão,* cujo pessoal de contabilidade conhece muito bem.

O Blockchain tem a capacidade de prover alto nível de confiabilidade e transparência por trás das transações, de modo que nenhuma transação pode ser mantida em segredo.

Além do mais, temos que falar dos **Nós da Rede**. Vimos que o Bitcoin está conformando enquanto Rede Distribuída** da internet. Cada integrante da rede age como um ponto de conexão *dela*. Cada nó terá o seu sistema atualizado com a transação recente, tornando impossível que um dos nós possa apagá-la ou escondê-la.

Pedimos aqui uma rápida e importante pausa para entendermos melhor o conceito de redes e suas principais tipologias, em que as características das Redes Distribuídas são, para nós, superiores em muitos aspectos, ainda mais no contexto

---

* Documento ligado ao processo contábil. Obrigatório por lei no Brasil para empresas com tributação do Imposto de Renda com base no Lucro Real, mas termina sendo usado por outras tipologias empresariais, pelas qualidades associadas à gestão.

** Para entender os diferentes tipos de redes existentes e compreender melhor as características da Rede Distribuída, recomendamos ver o TED de Augusto de Franco em Youtube.com/watch?v=-3bnzmykCiM, de 2009.

da internet, que potencializa a força de atuação dos cidadãos globais.

As redes têm diferentes níveis de distribuição. Algumas são centralizadas, outras são descentralizadas, e ainda há as totalmente distribuídas. Temos uma melhor visualização com o diagrama abaixo.

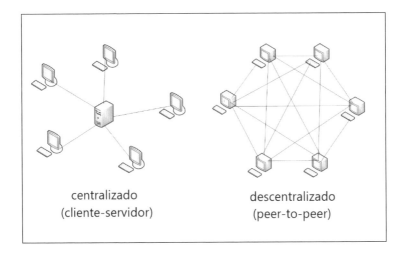

Nele, vemos que no modelo de rede centralizado, um único nó se conecta aos demais, sendo ele articulado diretamente com todos os outros pontos. Os clientes fazem uma requisição para o servidor central que, por sua vez, responde com o conteúdo da página. Se este servidor for derrubado, toda a rede fica fora do ar. Já na rede descentralizada, todos os nós podem se conectar diretamente a qualquer ponto, sem desvios. Se um computador for derrubado, a rede como um todo continua funcionando normalmente, devido à redundância e às várias cópias dos dados armazenados em cada computador (peer). E ela continuará de pé até que todos os computadores conectados sejam derrubados ou atacados.

Cada navegante que tem algum software de transações de Bitcoins atua como um nó da Rede Bitcoin. O mesmo software registra e fornece suporte à geração de cópias atualizadas e, em tempo real, à cadeia de blocos vigentes. A cada 10 minutos, quando um novo bloco é fechado, todos os nós da Rede Bitcoin internacional são atualizados. Vale ainda pontuar que cada bloco tem, no máximo, 1 (um) megabyte.

E é exatamente a comunicação criptografada que impede que a rede seja violada ou que nós invasores sejam incluídos. Assim, a Rede Bitcoin está protegida com muitas chaves, tornando praticamente impossível ameaçá-la, já que o Blockchain é como um livro-razão distribuído globalmente, representando um consenso de cada operação que já ocorreu na rede.

Acesse Andersbrownworth.com/blockchain/blockchain para um exemplo didático.

Função *Hash*

Um conceito importante para entender todo o conceito de Blockchain e se aprofundar em criptografia é a função *hash*. Trata-se de algo técnico do campo da programação, mas também muito simples e importante por estar associado ao protocolo Bitcoin e aportar segurança da informação como um todo, ajudando a Rede Bitcoin a permanecer imune a alterações e fraudes. Foi a partir da função *hash* que as transações da nossa criptomoeda geraram novos paradigmas de segurança digital.

A função *hash* não passa de um processo matemático que lê dados de entrada (*input*), como uma sequência de letras e números aleatórios de qualquer tamanho, executa uma operação interna e retorna tais informações em dados de saída (*output*) de tamanho fixo. Normalmente, esse código *hash* tem base hexadecimal, formado por letras e números.

Exemplos:

Input: "Christian Aranha"
Output: 5D878679576B891AFCCEE5E8377ED864495D7AA99ED4733458F4A9F2FF7D2906

Agora vamos aumentar o tamanho do texto e repare que o tamanho do *hash* permanece o mesmo:

Input: "Bitcoin, Blockchain e Muito Dinheiro"
Output: 73913076051FEBC0D522D206976632FF9239381FE1F0DB7F86DDDCDEC9E07478

Agora vamos tirar apenas a vírgula. A sequência se altera por completo:

Input: "Bitcoin Blockchain e Muito Dinheiro"
Output: 85F49D9292B44522429AA2EE0BE83266F871E36D18B410B0B7397A3A7CDFCAC9

Agora vamos colocar um texto maior que o tamanho do *hash* e novamente a sequência do *hash* ficou a mesma coisa:

Input: "Não importa qual o tamanho do texto de entrada a ser processado, o tamanho da *string hash* de saída sempre será fixo, dependendo de qual função você usar. Neste exemplo usamos a SHA256."
Output: EC85403845286480873F68E3480C757A31F579A5D6C15EEF413104CFFE064F2F

Você mesmo pode conferir estes resultados em sites como: https://www.convertstring.com/pt_BR/Hash/SHA256

O resumo de uma sequência específica de letras e números é chamado impressão digital, valor *hash* ou apenas *hash*. Sempre que aplicamos a função *hash* em um mesmo *input*, ela chega exatamente na mesma impressão digital, sendo impossível mudar a sequência do *output*.

O fato dessa função gerar chaves sempre com a mesma quantidade de caracteres evita a existência de "pistas" sobre o conteúdo. Além disso, o valor *hash* tem característica unidirecional. Dado o código, não é possível gerar o *input* do texto inicial, pois ele é extremamente sensível a qualquer alteração, de tal modo que qualquer mudança transforma profundamente o *hash*, minando qualquer possibilidade de adulteração.

Sendo assim, a função *hash* tem como característica principal ser uma função verificadora. O uso mais corriqueiro de uma função *hash* é armazenar senhas. Quando criamos uma simples conta de usuário em alguma página na internet, há sempre a requisição de uma senha. Uma função *hash* é executada no texto e a impressão digital dela, armazenada. A função *hash* é acionada novamente quando queremos entrar com nosso login e senha em tal página, e o servidor verifica se o resultado corresponde ao resumo armazenado.

Esse processo impede a ação de hackers, mesmo que logrem acesso a bancos de dados que contenham *hashes* armazenados. Eles não conseguem[*] comprometer as contas dos usuários, já que não existe modo simples de identificarem as senhas que produzem *hash*.

Há vários tipos de funções *hash*. Se você quer criar uma, há sites[**] que ajudam nessa empreitada.

Uma das mais relevantes que envolvem o Blockchain é a SHA256.[***] Ela é usada para criar novos endereços e adicionar

---

[*] Vale nota que há crackers que acabam conseguindo, mas a dificuldade é enorme.

[**] O artigo explica como fazer para MAC, LINUX e WINDOWS: Coindesk.com/Bitcoin-hash-functions-explained/.

[***] SHA256 – Secure Hash Algorithm 256 – é uma maneira específica de *hash*. Cada *hash* é criado com o apoio de um algoritmo duplo-SHA-256 para gerar um número randômico de 512 bits, ou, se preferir, de 64 bytes.

novos blocos na rede através do processo de mineração, que veremos mais adiante.

Criptografia

Ao pé da letra, a palavra criptografia advém do grego *kryptós*, escondido, oculto; e também de *gráphein*, que tem a ver com escrita, grafar.

Assim, a ideia geral de criptografia é o método de esconder e revelar informações por meio de processos matemáticos. Normalmente, uma mensagem criptografada tem características como **confidencialidade, integridade, autenticação** e **irretratabilidade** (algo que não pode ser desfeito).

Essa técnica foi bastante aplicada e incrementada em conflitos ao longo da história para passar informações estratégicas e sigilosas. O filme *O Jogo da Imitação*, ganhador do Oscar de Melhor Roteiro Adaptado, conta quando, na Segunda Guerra Mundial, o governo britânico arregimentou um grupo para se dedicar a decodificar mensagens entre os submarinos alemães. Um dos membros do grupo era o matemático e pai da computação, Alan Turing, que construiu uma máquina capaz de revelar informações criptografadas de modo ágil e eficiente.

Uma forma simples de criptografia é conhecida como **criptografia de chave simétrica**. O método envolve pegar uma mensagem, como um texto, e codificá-la usando um algoritmo matemático conhecido como **cifra**. Isso cria um novo texto conhecido como **texto criptográfico**, que só pode ser lido após ser descriptografado por aqueles que sabem o segredo, conhecido como **chave**.

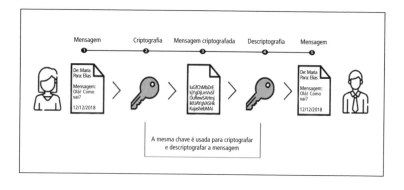

A Cifra de Júlio César é um bom exemplo desse tipo de criptografia, e também tem lugar importante na história. Ela teria sido criada para a troca de mensagens entre os generais do imperador romano. A criptografia fazia a troca das letras de uma mensagem pela letra correspondente a três posições à esquerda da letra original. O conhecimento dessa "regra" era, basicamente, a chave. Faremos uma aplicação desse código que, por mais simples que seja, é um caso bem didático, para termos uma melhor compreensão da base por trás da criptografia.

Considere essa frase que projetamos: **SEJA BEM-VINDO À ENTROPIA!** Ela teria a seguinte escrita de acordo com a Cifra de Júlio César: **PBGX YBJ-SFKAL X BKQOLMFX!**

As técnicas atuais de criptografia funcionam de forma parecida; só estão muito mais complexas. Uma forma de criptografia mais segura e usada no Blockchain é conhecida como criptografia assimétrica ou criptografia de chave pública.

Ela funciona a partir da interação de duas chaves irmãs: uma pública e outra privada. A chave privada não é divulgada, sendo conhecida somente pelo seu dono. A chave pública é de conhecimento geral. Assim, essa criptografia permite que informações sejam compartilhadas entre contas e ainda possibilita o resguardo das duas partes.

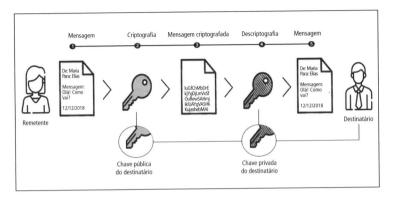

A chave pública do destinatário é usada para encriptar a mensagem, enquanto a chave privada do destinatário descriptografa. Isto garante que somente o destinatário consiga ter acesso à mensagem.

É impossível saber a chave privada a partir da pública. Assim, um usuário pode enviar sua chave pública para qualquer pessoa, sem se preocupar com intrusos na sua conta.

A criptografia de chave pública é bastante usada nos Blockchains para produzir assinaturas digitais, que veremos adiante.

Vimos que a luta contra-hegemônica do Movimento Cypherpunk teve como objetivo nuclear empoderar o cidadão global. Assim, tal movimento age como *illuminati*[*] dos novos

---

[*] Termo que advém do latim *illuminatus* e significa iluminados. Nome dado a vários grupos, tanto reais quanto fictícios. Historicamente, refere-se aos Illuminati da Baviera, sociedade secreta dos tempos do Iluminismo, fundada nos idos de 1776, cujos objetivos eram opor-se à superstição, ao obscurantismo, à influência religiosa sobre a vida pública e aos abusos de poder do Estado. Mais em Pt.wikipedia.org/wiki/Illuminati.

tempos. Seus integrantes defendem a utilização de sistemas anônimos que dão um papel fundamental à criptografia.

Endereço

Sendo assim, o hash se transforma no seu endereço Bitcoin análogo ao número da sua conta corrente do seu banco. Este endereço é uma string de cerca de 26 a 35 caracteres alfanuméricos, usada como identificador para o envio de um pagamento em Bitcoins. Exemplo:
14rruWSPHSCCNzCGyCqreAVpIrfyCZKt9B.

Fato curioso é que a quantidade disponível desses endereços é a mesma que estrelas no universo ou moléculas no planeta. A chance de saírem dois iguais é praticamente nula. É mais provável cair um meteoro na Terra.

Carteira ou Wallet

Aqui, uma pequena mudança de paradigma.

No sistema financeiro atual, não é tão comum termos mais de uma conta bancária. No mundo do Bitcoin é bastante normal você abrir uma conta nova quase que a cada transação, se assim desejar. Basta apertar um botão, e será gerado um novo endereço, garantindo sua unicidade pela probabilidade baixíssima de sortear o mesmo número. A carteira é, então, o local onde você pode guardar todos os seus endereços e o saldo final de seus ativos ou conta. O programa mais conhecido é o Bitcoin-qt ou Bitcoin Core. Com este programa, além de guardar os endereços e calcular o saldo, pode-se efetuar as transferências diretamente na rede de forma anônima. Este programa pode também ser entendido como o seu banco digital.

Carteira de Satoshi

Estima-se que Satoshi tenha algo em torno de 1 milhão de Bitcoins distribuídos em vários endereços. Com o preço atual (2019/2020) girando em torno dos 10 mil dólares, ele já seria um dos homens mais ricos do mundo com 10 bilhões de dólares em sua carteira. Um destes endereços é certo: o do bloco gênesis que já falamos anteriormente, conhecido por dar a primeira recompensa de 50 BTCs a ele. O endereço é tão famoso que as pessoas continuam fazendo doações à entidade até hoje:
Blockchain.com/btc/address/1A1zP1eP5QGefi2DMPTfTL-5SLmv7DivfNa

Seria esta a única prova da identidade de Satoshi Nakamoto? Seria ele o único com a chave privada e a senha para poder mexer na carteira, isto é, fazer alguma movimentação ou retirar o dinheiro? Até hoje ninguém... Permanece o mistério, que é um dos grandes ativos da rede.

Assinaturas Digitais

Protocolos criptográficos se referem a um conjunto de regras que especificam como se dará o transporte de dados de uma ponta a outra, sempre de forma segura, por meio da aplicação de métodos criptográficos. No Blockchain, eles garantem um meio de proteger as identidades dos usuários, atestando que as transações são feitas de forma segura e resguardando as informações e reservas de valor.

O processo ocorre usando um aspecto crucial chamado assinaturas digitais, que usa criptografia assimétrica para assegurar a identidade dos remetentes das transações e garantir que não haja alterações nos registros antigos, por meio da troca de informações de forma bilateral e ativa entre as partes.

As assinaturas digitais funcionam um tanto como as assinaturas comuns: servem para fazer validação e autenticação de informações.

Elas garantem três propriedades ao Blockchain: *integridade*, já que os dados criptografados só podem ser modificados com a alteração da assinatura, tornando-a inválida; *segurança das duas partes*, garantindo a identidade de cada componente da transação; e, por fim, a *irretratabilidade* ou *não repúdio*, que significa que uma pessoa não pode negar a autoria de uma informação já creditada a ela.

No caso do Bitcoin, trabalha-se com um par de chaves para prover segurança à rede, conhecida como criptografia assimétrica, ou criptografia de chave pública, em que há duas chaves em jogo. Uma primeira é a privada, sorteada no computador das próprias pessoas. É a partir desta que a chave pública é gerada, também do computador das pessoas, sempre por processos matemáticos. É daí que o processo de assinatura digital acontece, fazendo com que apenas uma pessoa confiável por parte do remetente consiga decifrar a mensagem enviada, já que deteria a chave pública. Assim, a função da assinatura digital é garantir que somente o remetente, o detentor da chave privada, possa endossar a autoria dessa mensagem (mas não garante a decifração da mensagem *per se*).

Uma assinatura digital acontece quando o remetente aplica sua chave privada em um documento. Ao recebê-lo, o destinatário usa a chave pública do remetente para garantir que as chaves aplicadas correspondam entre si; caso isso ocorra, o documento realmente foi assinado pelo remetente.

Como cada transação possui uma assinatura digital única, ou seja, os dados de cada transação são parte da assinatura, a rede não reconhecerá a transação como válida se qualquer parte dela estiver alterada. Editar quaisquer aspectos dos dados significaria conceber uma assinatura inteiramente nova, tornando-a falsa e obsoleta. Assim, a tecnologia Blockchain garante que os dados gravados são verdadeiros e seguros. As assinaturas digitais garantem a imutabilidade da rede.

Essa questão é tão importante que teve papel nuclear no artigo[*] de Satoshi, que lançou o algoritmo Blockchain para o mundo. A própria definição da palavra Bitcoin advém daí.

Assim, a importância das assinaturas digitais na Rede Blockchain e, por consequência, na Rede Bitcoin, se explica pela qualidade do controle sobre a propriedade.

Logo, é importante retomar aqui os três principais recursos matemáticos – **hash**, **criptografia** e **assinatura digital** – para se entender o Bitcoin.

---

[*] Relembramos que o link para acesso ao artigo é esse: *A Peer-to-Peer Electronic Cash System* e está disponível em Bitcoin.org/Bitcoin.pdf.

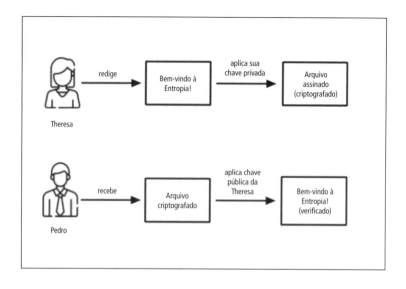

O *hash* é o resumo numérico das informações digitais. É uma função matemática unidirecional. Isto é, não é possível revertê-la. É possível criar um *hash* a partir de uma mensagem, mas não é possível descobrir uma mensagem a partir de um *hash*. O *hash* é extremamente sensível a alterações, de tal modo que qualquer mudança transforma o *hash* com profundidade, minando a possibilidade de adulterações.

Já a criptografia é um método de escrever por enigmas, usado para garantir sigilo entre mensagens. A partir de uma chave numérica, uma mensagem legível passa a ser ilegível para qualquer um que não tenha a chave que a traduz. A chave, então, embaralha e desembaralha a mensagem, tanto no ato de cifrar como no de desbloquear. Essa é a criptografia simétrica, de chave secreta, mas tida como vulnerável no canal de tráfego da mensagem. Essa tipologia é comumente usada em e-mails e páginas http.

Mineração

A mineração do Bitcoin funciona como um mecanismo de segurança do Blockchain. Trata-se do processo de autenticação de um bloco e a consecutiva inserção do mesmo no Blockchain. A mineração também gera a inserção de novas moedas na rede a partir dessa autenticação de blocos.

Ela foi concebida em um sistema chamado *proof-of-work*, que faz com que encontrar esse *hash* compatível seja um processo aleatório, de tentativa e erro, o que pode torná-lo demorado. Por isso, processar esses *hashes* demanda um alto poder computacional, poder esse que aumenta a velocidade com que os números são processados e a probabilidade de encontrá-los.

Cada novo bloco deverá ter uma sequência *hash* compatível com o *hash* do bloco anterior e a do bloco posterior. Assim, as mineradoras devem escutar o broadcast da rede, ou seja, analisar as transações ofertadas, ordená-las pela maior taxa de transação (mempool) e tentar produzir um *hash* compatível com o do novo bloco até atingi-lo e devolvê-lo à rede.

Os mineradores recebem uma recompensa em Bitcoin para cada sequência compatível encontrada, ou seja, para cada bloco que minerarem. Atualmente, essa recompensa é de 12,5 BTCs. A recompensa visa retribuir a contribuição das mineradoras para manter a Rede Blockchain funcionando. Os mineradores competem diariamente pela recompensa que os blocos oferecem. Os blocos são formados a cada 10 minutos, e a competição recomeça nesse período.

No entanto, o sistema foi concebido de modo a controlar a quantidade de mineradores no mundo para não afetar a quantidade de BTCs em circulação, o que diminuiria seu valor no longo prazo. Assim, a cada novo *hash* compatível, o processo seguinte fica mais difícil para novos mineradores.

A mineração sofre ainda outra adversidade inibidora, especialmente para alguns países. Cada tentativa consome muita energia* e tempo do minerador. Logo, o custo termina sendo altíssimo para muitos. Atualmente, cada transação na Rede Bitcoin gasta a mesma energia que uma família holandesa em duas semanas.

Um minerador nada mais é do que um usuário da internet com um computador (ou um conjunto de máquinas atuando de forma integrada), que utiliza um software** específico para a realização dos cálculos. O software estuda as informações do novo bloco e aplica uma fórmula matemática sobre tais dados. Como resultado, gera um código *hash*. Sempre que o processo é concluído, o minerador é recompensado.

Cada conjunto de dados é único, portanto, toda vez que essa fórmula matemática for aplicada no bloco, o código *hash* gerado será o mesmo. Contudo, se o conjunto de dados sofrer alguma modificação, por menor que ela seja, o código *hash* será totalmente diferente. Aí não dá para ir adiante.

Além do seu próprio *hash*, o bloco contém o *hash* do bloco anterior. Dessa forma, um processo de verificação conseguirá perceber quando um bloco não é legítimo, pois o código *hash* deste será diferente dos registrados.

Halving

No código do Bitcoin está escrito que, a cada 210 mil novos blocos gerados (aproximadamente de 4 em 4 anos), a recompensa dada aos mineradores é reduzida em 50%. A este processo é dado o nome de Halving (metade, em inglês).

---

* Digiconomist: site que ajuda a calcular a energia necessária para se minerar.
** Alguns desses são: CGMiner, BFMiner e EasyMiner.

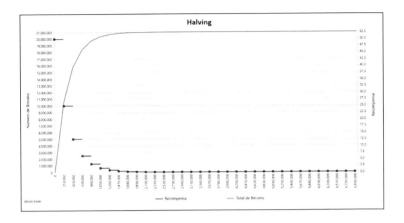

O Halving também pode ser visto como uma espécie de inflação do sistema, porque, ao passo que novas moedas são mineradas ou emitidas, a oferta aumenta e o preço diminui. Sendo assim, poucas pessoas sabem que o Bitcoin é inflacionário desde o seu início, mas isso vai acabar este ano, pois a inflação do Bitcoin cairá para 1,8% ao ano, menor do que a dos Estados Unidos, com aproximadamente 2% ao ano, o que poderá levar a um grande impacto nas decisões financeiras.

Prova de Trabalho

A prova de trabalho ou *proof-of-work* é um mecanismo de proteçao de segurança anti-hacking. O ataque cibernético mais conhecido é o DDoS, que significa Distributed Denial of Service. O ataque nada mais é do que encontrar no sistema uma requisição com gargalo e recrutar vários servidores para fazê-la simultaneamente. Com isso, o servidor não aguenta a demanda e atinge o limite de memória, ocasionando a queda dos serviços.

Um servidor que guarde o dinheiro das pessoas não pode cair. Sendo assim, Satoshi tinha que proteger o sistema Bitcoin desse tipo de ataque. Ele aderiu ao conceito de prova de trabalho, onde cada requisição deveria demonstrar que gastou uma quantidade de processamento/energia para poder fazê-la. Isso se deu por meio da implementação de problemas complexos que os mineradores têm que resolver para validar as transações em BTC e, como consequência, gerar novos blocos.

Assim, um ataque simultâneo exige que os mineradores façam esse mesmo processo para diversas transações ao mesmo tempo, o que custaria caríssimo, provavelmente mais caro do que a quantia a ser roubada, fato que desincentiva o procedimento e encoraja os mineradores a trabalharem em prol da rede.

O trabalho para encontrar a resposta do problema matemático é dado pela execução da função *hash* do bloco de transações a ser validado pela rede, mais um número especial chamado *nonce* (inspirado da palavra nonsense), que vai sendo incrementado um a um, mudando completamente o código gerado pela *hash*, até que atinja uma característica de X zeros consecutivos ao final, onde X é a taxa de dificuldade atual do sistema.

A taxa de dificuldade é elevada automaticamente de 15 em 15 minutos pelo programa do Bitcoin assim que ele percebe o aumento no volume de requisições, e desce assim que uma baixa no volume é detectada, de forma que a taxa de processamento de novos blocos seja constante e de aproximadamente 10 minutos.

Exemplo:

Input: "Bitcoin, Blockchain e Muito Dinheiro"
Output: 73913076051FEBC0D522D206976632FF9239381FE1F0DB7F86DDDCDEC9E07478

Agora vamos adicionar um número chamado *nonce* ao *input*. Lembre que isso mudará totalmente o *hash* de saída:

Input: "Bitcoin, Blockchain e Muito Dinheiro1"
Output: 9e3c69258d912a2df04e22badefde1c012b315519af710ac9d97a1a103ba1212

Vamos continuar fazendo isso até encontrar um *output* começando com o número 0:

Input: "Bitcoin, Blockchain e Muito Dinheiro2"
Output: 5ae09576c731a7e137c40db64343bc2df164ea3a240dfdfbce3bb8ee685671da
Input: "Bitcoin, Blockchain e Muito Dinheiro3"
Output: f664480afcaef0c0a86ea076b9d99973fd0d68ed7ffea3af72cc9c3ec4b1ec9d

Input: "Bitcoin, Blockchain e Muito Dinheiro45"
Output: 0dc8337f9f78c0734c2d4534da886c76e45c30afca0e3af4833ff1c55f0f3673

Pronto, conseguimos fechar uma prova de trabalho com a dificuldade 1 (um zero à esquerda).

Obs: o exemplo não é verificável.

Output: 00c8337f9f78c0734c2d4534da886c76e45c30afca0e3af4833ff1c55f0f3673

Este seria um exemplo de prova de trabalho com dificuldade 2.

Se dois destes blocos forem fechados ao mesmo tempo, o Blockchain se dividirá e a cadeia com mais blocos encaixados irá vencer, eliminando a outra.

Rig de Mineração

Como mencionamos, minerar criptomoedas demanda um alto poder computacional. O rig nada mais é que um computador (motherboard) com várias placas gráficas poderosas, fazendo os milhares de cálculos matemáticos necessários para a mineração.

Com o aumento da competição na rede, cada vez mais as mineradoras precisam elevar o seu poder computacional a fim de garantir um aumento da produtividade e, consequentemente, da competitividade. Por isso, já existem locais chamados **fazendas de mineração**, onde diversas GPUs (Unidade de Processamento Gráfico) geram poder computacional para processar os *hashes*.

Dois rigs de mineração utilizados para minerar Ether; minerar Bitcoin já não vale a pena devido à alta concorrência e hardware especializado.

Ataque de 51%

Um princípio básico do Blockchain é a distribuição do registro das transações para todos os usuários da rede. Isso significa que a rede é segura e atualizada em todos os pontos, o que faz com que as moedas não possam ser gastas duas vezes. Cada vez que um bloco é validado pelo consenso da maioria da rede e finalizado, ele não pode ser alterado, já que uma versão fraudulenta será rapidamente identificada pelos usuários e, portanto, descartada.

É aí que pessoas ou grupos maliciosos podem encontrar uma brecha na segurança: caso consigam obter controle de 51% da rede, serão a maioria a aplicar o consenso, garantindo a possibilidade de fraudar o sistema e reverter transações, evitar confirmações e impedir que mineiros minerem blocos válidos. Ainda assim, esses hackers do mal não conseguem criar moedas do zero, enviar moedas que nunca pertenceram a eles e nem alterar o número de moedas em cada bloco.

Ou seja, uma jogada desse tipo seria bastante complexa e demandaria um alto investimento de tempo e dinheiro, o que a torna inviável diante do potencial retorno.

Validação: Consenso

O que acontece quando se busca um consenso em um grupo e, afinal, não há consenso possível? É essa a pergunta-guia para entendermos o conceito de *fork* no mundo digital, conceito este muito importante na Rede Blockchain.

Os *forks* significam, aqui para o nosso tema, bifurcações* que, por sua vez, dizem respeito à separação de alguma coisa vertente. Logo, é um ponto de divisão. Em nosso contexto, *fork* quer dizer uma bifurcação da Rede Blockchain. É uma divisão em sua cadeia de blocos.

Conforme abordamos, os usuários, os mineradores e os nós da rede são os personagens principais da Rede Blockchain e, por consequência, da Rede Bitcoin. E como as transações estão sendo adicionadas aos blocos a cada momento, os blocos são também, de forma constante, atrelados ao Blockchain.

Uma bifurcação ocorre quando dois mineradores encontram um *hash* válido num curto período de tempo. Eles lançam as duas soluções na rede, visando a confirmação dos outros participantes. Assim, a rede se divide em duas partes, onde os participantes acreditam no bloco encontrado pela sua parte como a próxima resposta válida a ser incluída no bloco.

O problema é resolvido quando uma dessas partes encontra o próximo bloco, tornando-a mais longa do que a parte concorrente. Assim, a parte perdedora irá desconsiderar os blocos

---

* Quanto custaria o ataque de 51% para cada moeda pode ser visto no Crypto51.app/.

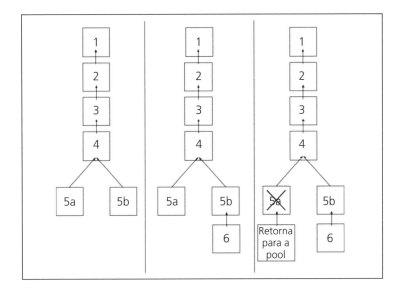

Na informática, as setas são opostas à direção que seguem,
para demonstrar que uma variável tem origem naquela que a antecede.

que causaram a bifurcação e adotar os blocos encontrados pela outra parte. O bloco desconsiderado, ou seja, aquele que acreditavam ser a solução, será declarado bloco órfão e retornará à fila de processamento para ser mais uma vez validado.

Esse problema é quase sempre resolvido de imediato, normalmente dentro de um bloco. A probabilidade de dois blocos serem encontrados consecutivamente dentro de segundos é muito baixa.

No Bitcoin, novos blocos são fechados a cada 10 minutos. Isso garante uma probabilidade menor de ocorrer uma bifurcação na rede, o que pode se tornar um problema para outras criptomoedas em que essa janela é mais curta. A Litecoin, por exemplo, resolve seus blocos em dois minutos e meio, o que aumenta a probabilidade de uma bifurcação.

Governança: Soft Fork

O soft fork é uma alteração na rede que permite rodar versões anteriores. Se, por exemplo, um protocolo é alterado de modo que as regras se tornam mais rigorosas – mas implementando uma mudança ou adicionando uma função que não afete a estrutura do protocolo –, então os blocos rodados na nova versão serão aceitos por blocos da versão antiga. O processo não funciona ao contrário: blocos de uma versão nova rejeitam os blocos antigos.

Idealmente, no Bitcoin, mineradores das versões antigas perceberiam que seus blocos foram rejeitados e fariam a atualização. Quanto mais mineradores assim agissem, a cadeia com a maioria dos blocos novos se tornaria a mais longa, os blocos antigos ficariam órfãos e cada vez mais mineradores atualizariam o software, promovendo uma melhoria orgânica no sistema. Como blocos da nova versão são aceitos tanto pelos blocos antigos quanto pelos novos, a versão mais nova acabaria sobressaindo.

Soft forks já aconteceram diversas vezes. Inicialmente, o Bitcoin não possuía um limite no tamanho dos blocos. O tamanho de 1MB por bloco foi introduzido por um soft fork, uma vez que a regra era mais rigorosa que a anterior. Esse tipo de emenda geralmente requer apenas que a maioria dos mineradores atualizem, o que torna a alteração mais viável e menos disruptiva.

Soft forks não representam um risco de double-spend, como os hard forks, uma vez que é possível ler ambas as versões da rede.

Governança: Hard Fork

Em contrapartida, o hard fork é uma mudança no protocolo da rede que torna inválida a versão oferecida anteriormente. Se versões antigas continuassem rodando, acabariam fazendo parte de um protocolo diferente e com dados diferentes da versão original, o que poderia ocasionar confusão na rede e possíveis erros.

Com o Bitcoin, um hard fork seria necessário para alterar parâmetros, como o tamanho dos blocos, a dificuldade dos problemas criptográficos a serem resolvidos, limites de informação adicional etc. Uma mudança em qualquer uma dessas regras faria com que novos blocos fossem aceitos por um novo protocolo, mas rejeitados por versões anteriores, o que poderia acarretar a perda de fundos.

Por exemplo, se o tamanho máximo dos blocos fosse alterado de 1MB para 4MB, um bloco de 2MB seria aceito por nós rodando a nova versão, porém rejeitado pela versão anterior. Suponhamos que o bloco de 2MB seja validado e adicionado ao Blockchain. E se o próximo bloco for validado por um nó rodando uma versão antiga do protocolo? O nó tentará encaixar o bloco no Blockchain, mas irá considerar inválido o bloco da nova versão, ignorando-o e anexando ao bloco precedente o seu bloco encontrado.

Assim, duas cadeias são criadas, uma com as versões novas e antigas de blocos, e outra somente com versões antigas. Qual cadeia irá crescer mais rápido dependerá de quais nós validarão os próximos blocos. Ambos os Blockchains poderão crescer paralelamente de forma indefinida.

Isso faria com que Bitcoins gastos em blocos da nova versão pudessem ser gastos novamente em blocos antigos, uma vez que o código antigo não conseguiria detectar os gastos no código novo.

A solução seria abandonar uma das cadeias em detrimento da outra, o que faria com que alguns mineradores perdessem lucros. Ou todos os mineradores teriam que atualizar para a nova versão ao mesmo tempo, o que seria difícil num sistema descentralizado e altamente espalhado.

Ou então as cadeias se dividiriam em dois Blockchains separados. Foi o que aconteceu com o Bitcoin (na criação do Bitcoin Cash).

Mempool

Mempool é o nome dado à fila das transações acumuladas (na memória) à espera para serem processadas. O tempo de espera para a confirmação de uma transação é diretamente proporcional à quantidade de transações esperando para serem confirmadas.

A decisão sobre as transações a serem efetivadas é feita a partir da taxa de transação. A **taxa de transação** é quanto cada transação oferece para as mineradoras, a fim de ser efetivada na rede. Portanto, quanto maior é a taxa de transação, maior é o lucro das mineradoras, o que faz com que pedidos com maior taxa de transação sejam priorizados na inserção à rede. Existe uma maneira de "furar" a fila de espera por meio do pagamento de uma taxa de transação mais alta para que o minerador verifique e valide a sua transação antes das que foram inseridas previamente.

O fee (valor da taxa) aumenta de acordo com o tamanho da fila de espera. Esses pedidos que não foram efetivados ainda retornam para a fila, e, se não forem efetivados, a transação não acontecerá.

BLOCO D

UM FUTURO
QUE JÁ BATEU
À PORTA

10. Principais Acontecimentos

> *"Pensar o passado para compreender o presente e idealizar o futuro."*
>
> **HERÓDOTO**

Um acontecimento recente e que merece destaque é o debate sobre Moedas Digitais de Bancos Centrais (CBDC, na sigla do termo em inglês). Seriam tipos digitais das notas e moedas do nosso tempo. Para tal, as pessoas não precisam ter conta em um banco comercial, mas sim uma conta virtual no próprio Banco Central emissor da moeda.

Estas e outras iniciativas são, na verdade, meras tentativas de enfraquecer as criptomoedas, principalmente seu maior representante, o Bitcoin. No entanto, não passam de tentativas dos governos para reaver a importância de suas fronteiras, de seus BCs. Mas estão longe de dar aos correntistas um produto tão revolucionário como o que temos com o Bitcoin.

A recente ocorrência da regulação das criptomoedas em Bolsas de Futuros (Chicago, por exemplo) pode vir a segurar a alta das moedas digitais ou até promover uma queda.

Segwit

Com o visível acúmulo da fila de processamento mempool das transações de Bitcoin, as transações começaram a demorar e ficar mais caras. Da forma que Satoshi previu, um novo protocolo (Segwit) com blocos mais enxutos foi implementado no final de 2017, mais transações em um bloco aumentaram a velocidade da rede em até 4 vezes.

Bitcoin Cash

Neste mesmo momento, o primeiro grande hard fork da Rede Bitcoin foi feito, dando origem ao Bitcoin Cash. O interesse principal partiu das mineradoras, que ganhariam mais com blocos maiores de transações. O Bitcoin Cash (BCH) está até hoje entre as 10 criptomoedas mais valiosas; no entanto, nunca passou o próprio Bitcoin.

Mercado Futuro

No início de 2018, o mercado de criptos sofreu uma das maiores quedas da história, quando o mercado financeiro de Chicago decidiu oficializar as transações de Bitcoin, começando pelos contratos futuros. Isto significa que os grandes players podem apostar no valor da moeda no futuro, o que pela primeira vez deu aos investidores a chance de apostar contra a moeda, ou seja, sua desvalorização, o famoso short. Muito foi feito desde então para derrubar a moeda.

A partir de 2020 veremos, cada vez mais, instituições negociando contratos futuros, incluindo as exchanges.

ETF

Ao mesmo tempo, acontece uma grande corrida para aprovar o mercado de ETF (Exchange Trading Fund): fundos de investimento negociados nas Bolsas tradicionais. Isso significa que os investidores institucionais, que normalmente evitam as moedas digitais pela falta de segurança percebida no investimento, poderão investir nas moedas sem possuir os ativos efetivamente.

É importante lembrar que quem investe no ETF não toma posse de seus Bitcoins, não tem a chave-privada. Normalmente paga taxa de administração e ainda contribui para a concentração de capital.

Hathor

Diante da dificuldade de escalabilidade da Rede Ethereum e do questionamento sobre a governança da Rede EOS, um grupo de universitários brasileiros fez um estudo sobre os smart contracts (os programas rodados até então nas redes) e descobriu que a demanda principal destes programas era criar uma moeda nova, sem precisar lançar uma rede de Blockchain nova. Tal conceito, como já discutido aqui, se chama *token*. Ou seja, existe uma demanda enorme por um programa bem simples, que é a criação de um *token* novo em uma certa quantidade. Este grupo prevê que todo o papel valor do mundo será *tokenizado*. O mundo será *tokenizado*, e não existe nenhum Blockchain focado nisso ainda. Foi quando, então, nasceu o projeto Hathor.

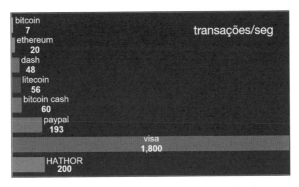

Comparativo das velocidades de processamento dos sistemas de pagamento existentes.

O projeto Hathor se propõe a ser um Blockchain distribuído, largamente escalável, com apenas um objetivo: criar *tokens*. Diante da diminuição do peso dos programas (*smart contracts*) e da arquitetura híbrida com DAG (*Directed Acyclic*

Graph), conseguimos atingir a escalabilidade e o objetivo proposto. O Blockchain também transaciona sem taxas, e a recompensa de mineração é dada na forma de *tokens* recém-criados (inflação).

A híbrida provê escalabilidade e descentralização pela inclusão de uma cadeia de blocos minerados dentro de uma DAG de transações. O Blockchain original à moda Bitcoin garante a segurança quando o número de transações por segundo é pequeno, enquanto a DAG prevalece quando o número de transações aumenta significativamente.

A primeira versão do Blockchain Hathor (Hathor.network) foi lançada no dia 3 de janeiro de 2020, em homenagem ao lançamento do Bitcoin.

A DAG é um tipo de Blockchain onde a confirmação das transações é feita com novas transações ratificando as transações antigas. Cada transação possui sua própria prova de trabalho (*proof-of-work*), que é resolvida pelo remetente antes de propagar as transações na rede. No Blockchain original, somente um bloco pode ser confirmado por vez, o que acarreta a ineficiência da rede. Na DAG, as transações são confirmadas em side-chains (cadeias lateralizadas). Diferentes tipos de transação acontecem em cadeias diferentes ao mesmo tempo. Os blocos coletam *tokens* recém-gerados e confirmam todas as transações na DAG. Cada transação possui um peso acumulado, que expressa o esforço necessário para cancelar a transação, similar ao número de confirmações usado pela Rede Bitcoin.

O principal representante do modelo DAG é o Blockchain IOTA, que já funciona sob esta arquitetura, porém, como a utilização da rede ainda é baixa (transações/seg), ela não consegue funcionar corretamente e ainda precisa de alguma intervenção humana.

Se a Hathor ou algum Blockchain semelhante conseguir deslanchar, começaremos a não falar mais em ICO e passaremos a falar de STO (*Security Token Offer*), um novo conceito do mercado que ofertará apenas tokens, pois praticamente não haverá sentido lançar um novo Blockchain para dar origem a uma nova moeda.

Se você quiser testar e receber uma fração da criptomoeda HTR, basta baixar o app da Hathor Wallet e enviar uma mensagem com seu endereço para o meu instagram: @cnaranha.

11. Regulação no Brasil

> *"Se não pode derrotá-los, junte-se a eles."*
>
> **SUN TZU**

Mitos em relação ao Direito sempre existiram, muitas vezes relacionados/decorrentes da falta de acessibilidade à linguagem jurídica, o popular juridiquês. Isto ocorre em todas as áreas do Direito e principalmente com aquelas que lidam com temas populares ou novos, tais como Bitcoin/criptomoedas.

Neste sentido, talvez o primeiro mito e fonte de confusão sobre criptomoedas seja decorrente do nome cripto*moedas*, que sugere que seriam de fato moedas. Ocorre que, tecnicamente falando, criptomoedas não são moedas, pois não têm status de moeda em nenhum país, mas sim de ativo. Ainda, em termos[*] práticos, pesquisas sugerem que a maioria das pessoas percebe o Bitcoin como forma de investimento, e não como forma de pagamento.[**] Deste modo, prefere-se utilizar o termo criptoativo por gerar menos confusão.

Outro mito comum é sobre a regulação. Leis, para serem leis, funcionam de modo geral e abstrato, ou seja, tais dispositivos não apontam diretamente um sujeito (ou, ao menos, não deveriam). Basta imaginar que não há lei que proíba João de roubar pão, mas sim um ordenamento que impede genericamente o roubo de qualquer objeto; do mesmo modo, não há lei que proíba (ou permita) o uso de um criptoativo específico.

---

[*] ESTADOS UNIDOS: INTERNAL REVENUE SERVICE. Notice 2014-21. EUA-IRS: 14 de abril de 2014. Vale mencionar que há outras explicações possíveis para esta mesma resposta, e o tema criptomoeda ser ou não moeda é controverso. Porém, foge do escopo da presente obra analisar com mais detalhes, pois se trata de uma discussão extremamente complexa, técnica, que envolve uma série de conceitos cuja definição não é consensual e, principalmente, porque são poucas as repercussões práticas relevantes.

[**] GLASER, Florian et al. *Bitcoin – Asset or Currency? Revealing Users' Hidden Intentions*, 2014.

É por causa dessa lógica de criação de leis genéricas que já há alguma regulação incidente sobre criptoativos no mundo todo. Não se trata, necessariamente, de regulação pensada para o tema, embora, muitas vezes, seja claramente aplicável.

Neste sentido, há algumas legislações que estão começando a regular modelos de negócio baseados em criptoativos (como, por exemplo, o estado de Nova York, que criou a BitLicense*) ou, mais especificamente, plataformas de troca e custódia (*exchanges*) de criptoativos (como, por exemplo, a da Austrália, que exige o registro das plataformas).** Ainda, o Japão tem sido um dos países mais ativos do ponto de vista de regulação de criptoativos.***

Sob a ótica tributária, o cenário das criptomoedas permanece como um grande desafio para o ordenamento pátrio. Em que pese as recentes manifestações exaradas pela Receita Federal, as formas de interpretação acerca da natureza jurídica desses ativos ou da atividade da mineração permeiam cenários nebulosos.

De fato, o termo "moeda virtual" não pode ser utilizado para definir o Bitcoin ou qualquer outra criptomoeda, uma vez que, conforme disposto na Constituição Federal, compete à União a emissão de moeda (Art. 21. Compete à União: VII – emitir moeda). Desse modo, decorre de competência exclusiva do Banco Central do Brasil (Bacen) a emissão de moeda.

---

* BitLicense Regulatory Framework. Disponível em Dfs.ny.gov/legal/regulations/bitlicense_reg_framework.htm.
** New Australian laws to regulate cryptocurrency providers. AUSTRAC: 11 de abril de 2018.
*** LANG, Joyce. *Japan and Cryptocurrency Regulation: Updates*. Coinnunce: 10 de dezembro de 2018.

Logo, é fácil perceber que moedas são tão somente aquelas emitidas por autoridades governamentais, e como o Bitcoin não goza de nenhum vínculo ou controle por autoridade, ele não se enquadra no conceito.

Notório é que, até o presente momento, a legislação brasileira permanece sem nenhum regulamento específico acerca dos aspectos fiscais das criptomoedas, limitando-se apenas a afirmar que estas se equiparam a ativos financeiros decorrentes de relações privadas, devendo ser declarados à Receita Federal do Brasil por meio da Declaração de Ajuste.[*]

Em seu manual do IRPF, as "moedas virtuais" foram equiparadas a ativos financeiros, orientando os contribuintes a declarar na ficha Bens e Direitos pelo valor de sua aquisição para, assim, serem tributados quando apurado ganho de capital na alienação.

E, como não há nenhuma espécie de "precificação" desse ativo financeiro no mercado online, basta informar o valor de aquisição e manter a documentação comprobatória do bem. Dessa forma, não há obrigação de declará-lo pelo valor da cotação em 31 de dezembro de cada ano.

Ademais, as criptomoedas, assim como qualquer ativo, sujeitam-se à tributação no momento da venda. Quando de alienações com valores superiores a R$ 35 mil no mês, o contribuinte deve recolher o imposto sobre o ganho de capital sob alíquotas que variam de 15% a 22,5%, a depender da faixa do ganho, e apresentar ao Fisco a Declaração de Apuração de Ganho de Capital.

---

[*] Mais informações em idg.receita.fazenda.gov.br/interface/cidadao/irpf/2017/pergunta.

A seguir, separamos três situações comuns para melhor ilustrar as hipóteses nas quais o indivíduo deve declarar:

- **Situação A** – Venda sem ganho de capital: nos casos em que ocorre apenas compra, o ganho de capital "não se realizou" e apenas será necessário declarar o ativo sem a necessidade de recolher impostos.

- **Situação B** – Venda com montante abaixo de R$ 35 mil: nos casos em que ocorre compra *e* ganho de capital – por exemplo, você vendeu e mensalmente movimentou um montante total abaixo de R$ 35 mil. Nesta hipótese, é necessário apenas declarar o ativo digital em posse, sem necessidade de recolhimento de imposto em razão de estar abaixo de R$ 35 mil.

- **Situação C** – Venda com ganho de capital: nos casos em que ocorre compra *e* ganho de capital – por exemplo, você vendeu e não fez o cálculo para saber se obteve ganho de capital; portanto, não recolheu possíveis impostos que poderiam ser cobrados. Nessa hipótese, o recomendado é calcular os meses nos quais ocorreu a venda das criptomoedas e, caso tenha obtido ganho de capital, pagar os impostos retroativos.

Ressalta-se também que, nos casos de negociações de criptomoedas antes de 2017 sem declaração, o recomendado é a retificação de suas declarações de até os últimos 5 anos. A Receita Federal tem 5 anos para rever as declarações e, caso encontre alguma irregularidade, poderão ser cobrados ganho de capital, multa e juros sobre o valor devido.*

---

* Note que a ausência da declaração das criptomoedas pode levar o contribuinte a cair na famosa malha fina.

Ainda, vale mencionar que, sobre o tema, o Banco Central se limitou a definir as criptomoedas como ativos financeiros digitais que não são emitidos por Banco Central ou outra autoridade monetária.* Já a CVM (Comissão de Valores Imobiliários) se manifestou devido ao mecanismo de captação de recursos, que surgiu no mundo das criptomoedas, chamado ICO, passando a exigir o registro das empresas brasileiras que captam recursos por meio desse processo, conforme será detalhado no tópico seguinte.

Mas não para por aí. Quando o tema chega na atividade de mineração, ou seja, na hipótese de emissão de novos ativos virtuais e de interação entre os usuários da tecnologia, a tarefa de conceituação de natureza jurídica fica ainda mais difícil.

Isso porque não se mostra adequado falar em prestação de serviços, uma vez que o benefício decorrente do processo de mineração, qual seja resguardar a higidez do sistema em que se opera o Bitcoin, é de competência de todos os usuários da criptomoeda, inexistindo um "tomador determinado".** Além disso, os mineradores não mantêm qualquer relação de prestação de serviços com as partes envolvidas e nem sequer se identificam.

E, ainda que houvesse algum tipo de possível ou imaginada relação para o serviço prestado, este não poderia ser considerado classificável em qualquer dos itens ou subitens elencados

---

* Disponível em Bcb.gov.br/acessoinformacao/legado?url=https:%2F%2F e também em Bcb.gov.br%2Fpre%2Fbc_atende%2Fport%2Fmoedasvirtuais. asp%3Fidpai%3Dfaqcidadao.

** Disponível em Jota.info/opiniao-e-analise/artigos/incertezas-na-tributacao-de-mineracao-de-criptomoedas-pelo-imposto-sobre-a-renda. E também em Jota.info/tributos-e-empresas/tributario/tributacao-sobre-bitcoin-e-tema-polemico-10012018 e em Jota.info/opiniao-e-analise/colunas/contraditorio/tributacao-Bitcoins-16072018.

na LC 157/16. Ressalta-se que o subitem 1.03 da lista de serviços, relativo ao processamento de dados, não seria viável, pois o processamento de dados configura-se como mero autenticador do bloco e não como uma atividade fim.

Já no tocante ao acréscimo patrimonial, que, conforme disposto no artigo 43 do CTN (Código Tributário Nacional), é o produto do capital, do trabalho ou da combinação de ambos, só incidirá tributação quando os valores gerados pelas criptomoedas forem convertidos em moeda local.

A captação de recursos por meio de ICO é uma dessas tentativas de substituir a fiscalização humana por controles inerentes ao próprio sistema, ou pelo menos esse é um dos argumentos utilizados para defender esse tipo de captação. Alternativamente, há quem defenda que ICOs surgiram como uma forma de circunvir a regulação aplicável para ofertas públicas em geral.

No Brasil, a CVM é a entidade responsável por regular o mercado de capitais e, consequentemente, qualquer tentativa de captação de recursos por meio deste. Nesse sentido, a CVM já confirmou que a necessidade de registro dependerá de o ativo virtual a ser emitido (o *token*) ser ou não um valor mobiliário.[*]

Ainda, a CVM reconheceu que há casos em que "os ativos virtuais emitidos no âmbito de ICOs podem claramente ser compreendidos como algum tipo de valor mobiliário". Havendo, contudo, casos nos quais é emitido um *utility token*, que pode não ser um valor mobiliário.[**]

---

[*] Cvm.gov.br/noticias/arquivos/2017/20171116-1.html.
[**] Ibid.

Evidentemente, a distinção entre os *tokens* emitidos no âmbito de ICOs é mais complexa do que simplesmente *utility token* ou não, havendo diversas possibilidades de classificações de *tokens*,[*] cada uma com as suas peculiaridades.

É impossível resumir em detalhes o complexo tópico, porém é possível afirmar que, de modo geral e simplificando muito, a realização de ICO dependerá de registro na CVM quando o *token* emitido no âmbito do ICO der a seu detentor o direito de participação na receita da plataforma, independentemente da realização de algum serviço ou esforço adicional ao aporte de recursos no ICO.[**]

Quanto ao IR, a Receita já tem o código 81.

Cenário Atual

A agência de pesquisa do mercado Blockchain, Diar, publicou que, no ano de 2018, startups de Blockchain e criptomoedas investiram quase 4 bilhões de dólares em capital de risco somente nos três primeiros trimestres do ano – o que representou um aumento de 280% em relação a 2017. Além disso, o valor de cada investimento nesses setores aumentou cerca de 1 milhão de dólares em 2018.

Falando em números, segundo informou o Blockchain.info, o Blockchain do Bitcoin apresentava, no final de 2018, mais

---

[*] Para mais informações, ver: SCHECHTMAN, David C. "Necessidade de Registro de ICO. Criptomoedas São Valores Mobiliários?" in Hanszmann, Felipe. *Atualidade de Direito Societário e Mercado de Capitais*, Volume III, Rio de Janeiro: Lumen Juris (2018). Disponível também em Papers.ssrn.com/sol3/papers.cfm?abstract_id=3203911.

[**] Nota-se que este parágrafo resume muito todas as nuances do assunto, não podendo ser utilizado como guia jurídico, mas somente como simplificação para fins de compreensão geral do tema.

de 32 milhões de usuários com carteiras individuais e cerca de 10 mil nós. Além disso, durante esse mesmo ano, o número de usuários ativos foi, em média, de 4,3 milhões.

No Brasil, há aproximadamente 3 milhões de investidores no total. Esses investidores são responsáveis por movimentar cerca de 4.000 BTCs diariamente.

As criptomoedas estão se tornando um ativo importante em mercados emergentes. A população da Venezuela, país que passa por uma crise histórica onde a inflação superou a marca de 1.000.000% em 2018, vem acreditando nos ativos digitais como forma de depósito de fundos, a fim de evitar a desvalorização do bolívar. De acordo com o CoinDance, o volume de transações semanais do bolívar para Bitcoin cresceu de 170 BTCs para 2000 BTCs em 2018, um aumento de 190%.

Há também um movimento das empresas para começar a investir na tecnologia Blockchain. Segundo uma pesquisa da consultoria Deloitte sobre Blockchain em 2018, executivos da área financeira das empresas já começam a usar Blockchain na revisão de processos e funções.

Ao mesmo tempo, há um número crescente de pessoas buscando formas de aplicar a tecnologia nos modelos de negócio tradicionais de outras áreas. A mesma pesquisa acusou que 78% dos executivos entrevistados acreditam que perderão vantagem competitiva caso não implementem Blockchains nos próximos anos. Isso corrobora com uma nova tendência entre as empresas: a criação de Blockchains privados que visem registrar algum tipo de bem ou serviço. Um exemplo é o Carrefour, o gigante francês de supermercados, que implementou em 2018 um Blockchain para rastrear as etapas da cadeia produtiva de sua avicultura.

Porém, a ideia de Blockchains privados vai contra o mais importante princípio da tecnologia: a descentralização. O ideal seria que essas empresas fossem substituídas por iniciativas em Blockchain, onde todos os usuários teriam parcela igual de poder de decisão e percentual de ganhos, sem um "dono" para o sistema, que obteria a maior parte dos lucros.

Por isso, uma tendência para os próximos anos é o conceito de BuildOut: a ideia de que uma empresa deve se destruir para dar lugar a uma iniciativa em Blockchain criado por eles mesmos, antes que outra pessoa o faça e obtenha os ganhos do uso do serviço.

12. Perspectivas de Aplicação do Blockchain

> *"O futuro será descentralizado."*
>
> **CHARLES HOSKINSON***

---

* Empreendedor e matemático, Hoskinson afirma que a tecnologia é revolucionária e se relaciona com direitos de propriedade, com sistema bancário, com educação a distância etc. Vale ver esse TED no link: Youtube.com/watch?v=97ufCT6lQcY.

O Bitcoin *per se* é de uma invenção audaciosa, detentora das qualidades que toda moeda deve ter, e que, em seus apenas 10 anos de vida, já provou ser confiável e que prescinde de autoridade central.

Ocorre que devemos retirar o enfoque do Bitcoin como reserva de valor, já que há, sim, um entusiasmo em torno do fato de ser possível ganhar muito dinheiro em pouco tempo. Os efeitos de comportamento de manada nos levam a situações de bolha especulativa, os quais, por sua vez, têm forte potencial de aumentar desigualdades.*

A tecnologia por trás do Blockchain é algo muito maior do que o Bitcoin.

O Blockchain pode ser programado para gravar praticamente tudo o que for de valor e tiver importância para a humanidade: certidões de nascimento e de óbito, certidões de casamento, ações e títulos de propriedade, diplomas, contas bancárias, procedimentos médicos, apólices de seguro, votos, providência de alimentos e tudo mais que possa ser expressado em código.

Só que tudo ainda está em fase de testes, não podemos afirmar que conformam negócios sustentáveis financeiramente no momento atual. O que podemos, sim, afirmar é que o Blockchain, enquanto algoritmo computacional com base em redes distribuídas e descentralizadas, chegou para ficar e revolucionar nichos de mercado, não só no segmento das criptomoedas.

---

* Epocanegocios.globo.com/Forum-Economico-Mundial/noticia/2018/01/o-Bitcoin-e-ou-nao-uma-bolha.html.

Em nível internacional, já há diversas iniciativas que valem a pena ser conferidas no Hottestico.com. Nele destacamos o BitNation e o Bankera. A primeira é uma organização que está montando a chamada *Decentralized Borderless Voluntary Nation* (DBVN), ou Nação Voluntária Descentralizada e sem Fronteiras. O objetivo é que exista um registro de documentos vitais, identidade e outros acontecimentos legais sem um governo específico. Uma iniciativa bacana do BitNation é a criação de passaportes para refugiados, o que facilita o acesso a auxílio humanitário e emergencial em situações de extrema necessidade. Já a segunda planeja ser o banco da era Blockchain, oferecendo serviços bancários tradicionais e também inovadores num ambiente Blockchain, podendo vir a se tornar, um dia, o banco único para requisições financeiras na rede.

O Blockchain pode impactar setores como empresas, governos, defensores de privacidade, ativistas de desenvolvimento social, teóricos da mídia e jornalistas, para citar alguns. A verdade liberta, e a disseminação da confiança nos afetará profundamente em todas as esferas da vida.

Vamos falar um pouco sobre algumas perspectivas positivas da tecnologia:

CONFIANÇA: A confiança nas empresas e nas demais organizações vive a maior baixa de todos os tempos. O *Barômetro da Confiança*, de 2015, da agência de relações públicas Edelman, indica que a confiabilidade nas instituições, especialmente nas companhias, recuou para os níveis mais baixos desde 2008. No mundo pré-Blockchain, a confiança nas transações deriva de intermediários, pois muitas vezes não podemos conhecer as contrapartes, muito menos saber se têm a integridade necessária, e recorremos a intermediários para atestar estranhos com os quais estamos operando e para manter os registros das operações, além de executar a lógica do negócio e das transferências que possibilitam o comércio online. Estes poderosos intermediários – bancos, governos, PayPal, Visa, Uber, Apple, Google, Airbnb e outros conglomerados digitais – colhem grande parte do valor. Já no mundo do Blockchain, a confiança deriva da rede.

O Blockchain, este livro-razão global de informação, franco, pode ajudar a criar um mundo mais seguro e confiável. Por causa de uma maior transparência, os indivíduos poderão ver se um CEO, por exemplo, realmente merecia aquele bônus gordo. Contratos inteligentes, habilitados por Blockchains, exigirão das contrapartes o cumprimento de seus compromissos, e os eleitores serão capazes de ver se os seus representantes estão sendo honestos, ou agindo com a devida responsabilidade fiscal.

INCLUSÃO: Em 2014, o Fórum Econômico Mundial levantou a temática de que a crescente disparidade representa o maior risco mundial, estando acima do aquecimento global, das guerras, doenças e outras calamidades. O Blockchain poderia ser a solução. Ao reduzir as barreiras à inclusão financeira, permitindo novos modelos de empreendedorismo, o estímulo ao mercado poderia ser exercido sobre os sonhos e as ideias de bilhões de pessoas sem conta bancária.

É verdade que a primeira era da internet possibilitou que os cidadãos do mundo em desenvolvimento participassem de forma mais efetiva da economia global. No entanto, ficou claro que os poderes concentrados em empresas e governo têm envergado a arquitetura democrática original da internet à sua vontade. Atualmente, enormes instituições controlam e são donas dessas novas formas de produção e interação. O poder econômico se tornou cada vez mais concentrado. Ao invés de os dados serem ampla e democraticamente compartilhados, estão sendo acumulados e explorados por menos entidades, que normalmente usam tais dados para exercer ainda mais controle e obter ainda mais autoridade.

Com a tecnologia Blockchain e a possibilidade de descentralização dos poderes para a rede, bilhões de seres humanos, que haviam sido excluídos, logo conseguirão entrar na economia global. Criadores poderão ser recompensados por sua propriedade intelectual sem a necessidade de intermediários, que só fazem aumentar os custos dos serviços. E, em vez de tentar resolver o crescente problema da desigualdade social apenas através da redistribuição de renda, temos agora a capacidade de começar a mudar a maneira como a renda é distribuída e como ela é criada – em primeiro lugar –, já que pessoas de todos os lugares, de fazendeiros a músicos, podem participar, de forma mais ampla e desde o início, da riqueza que geram. Esse novo protocolo, se não divino, permite que a confiança na colaboração aconteça em um mundo que precisa demais disso.

A Nicarágua é um dos países mais pobres da América Latina, onde cerca de 60% da população vive abaixo da linha da pobreza, e apenas 19% possuem conta bancária. Entretanto, 93% têm linha de telefone celular. Isso indica quanta oportunidade há para operadoras de telefonia, financeiras e outras empresas para usar o Blockchain a fim de liberar o potencial econômico da base da pirâmide. Estamos falando de bilhões de pessoas que apenas necessitam de um smartphone conectado à internet para se tornarem novos empreendedores, clientes e proprietários de bens prontos para serem desenvolvidos.

Os bancos não servem para a maioria esmagadora da população. Mesmo em países desenvolvidos como os EUA, é necessário preencher requisitos que excluem grande parte das pessoas que precisam abrir uma conta bancária. E, para essas pessoas, o Blockchain está gerando uma nova forma de identidade financeira, que não depende de sua relação com uma instituição bancária, mas é enraizada em sua própria reputação. O Blockchain confere, à tal ID digital, confiança e acesso a serviços financeiros, permitindo que qualquer pessoa participe igualmente da economia. Isso não é redistribuição de riqueza, mas sim uma distribuição mais ampla de oportunidades. "A identidade é o novo dinheiro", disse David Birch, criptógrafo e teórico do Blockchain.

Pessoas com pouco ou nenhum acesso bancário vão se tornar cada vez mais livres porque os serviços de microcrédito permitirão aos investidores em todo mundo construir um portfólio diversificado de microempréstimos no Blockchain, usando a ConsenSys, por exemplo (Consensys.net).

A revolução digital tem feito pouco para facilitar a vida dos empreendedores. Nos países da OCDE (Organização para a Cooperação e Desenvolvimento Econômico), custa apenas 3,4% da renda *per capita* para começar um negócio, enquanto essa porcentagem pode chegar a 31,4% na América Latina e chocantes 56,2% na África Subsaariana. A burocracia faz com que empreendedores atuem no mercado informal, e a consequência disso é a limitação do desenvolvimento dos negócios.

PRIVACIDADE: Analistas sempre referem-se ao Airbnb, Uber, Waze, entre outros tantos, como plataformas de economia compartilhada, mas esses meganegócios têm pouco a ver com compartilhamento. Tais empresas coletam dados do usuário, no processo, para exploração comercial. Nenhuma dessas companhias existia uma década atrás; elas surgiram com o aprimoramento dos smartphones, do GPS e de sofisticados sistemas de pagamento. Agora, com o Blockchain, a tecnologia existe para reinventar mais uma vez essas indústrias. Os grandes disruptores de hoje estão prestes a serem ultrapassados. Já existe uma iniciativa de aplicativo em Blockchain análogo ao Uber, o chamado Arcade City. O aplicativo começou com a proposta de oferecer caronas somente por gorjetas e atualmente funciona como um app de motoristas peer-to-peer rodado na Rede Ethereum. Mesmo que a tecnologia oferecida ainda seja limitada, o aplicativo representa um marco na transição de serviços comuns centralizados para a possibilidade de construir estruturas que permitam e estejam acostumadas a lidar com um sistema 100% peer-to-peer.

DEMOCRACIA: Os governos mais ponderados no Ocidente estão investindo consideravelmente na compreensão de como a nova tecnologia poderia transformar não só os BCs (Bancos Centrais) e a natureza do dinheiro, mas também as operações do governo e a natureza da democracia.

GOVERNO: Preparem-se para grandes mudanças no governo e na governança. A tecnologia Blockchain já está revolucionando a máquina administrativa para torná-la de alta performance – melhor e mais barata. Igualmente está criando novas oportunidades para que se mude a democracia. A tecnologia Blockchain pode transformar o que significa ser um cidadão e como participar do processo político. Por meio do voto e do acesso aos serviços sociais, é possível resolver alguns dos grandes e escabrosos problemas da sociedade, bem como manter representantes eleitos, responsáveis pelas promessas que os elegeram. Além disso, abre a possibilidade de dificultar os processos corruptíveis ao rastrear as transações feitas pelos governantes.

SERVIÇOS FINANCEIROS: A indústria de serviços financeiros globais vive uma crise pela continuidade do uso de sistemas obsoletos, lentos e pouco confiáveis. O Blockchain promete resolver esses problemas nos seguintes pontos:

1. Garantindo a confiança por meio da validação de identidade e da impossibilidade de alteração de uma transação realizada na rede.

2. Reduzindo drasticamente os custos das transações financeiras ponto a ponto.

3. Transação financeira mais rápida. Atualmente, o envio de dinheiro leva de 3 a 27 dias, e empréstimos bancários podem chegar a 23 dias para serem efetuados; enquanto a transferência em Bitcoin leva cerca de 10 minutos, e outras Redes Blockchain são ainda mais rápidas.

4. O risco da liquidação da transferência de valor ou da inadimplência pode ser eliminado completamente.

5. É um sistema que pode ser constantemente aprimorado em benefício da rede. A tecnologia open source do Blockchain pode inovar e melhorar a cada dia.

CONCLUSÃO: Com o crescimento de uma plataforma global de identidade, confiança, reputação e transações ponto a ponto, finalmente poderemos rearquitetar as profundas estruturas das organizações para a inovação, a criação de valor compartilhado e, talvez, até mesmo para a prosperidade, visando a maioria ao invés de riqueza para uma ínfima minoria.

Se os negócios, o governo e os inovadores da sociedade civil fizerem isso de maneira certa, migraremos de uma internet direcionada principalmente para os custos reduzidos de busca, coordenação, coleta de dados e tomada de decisão –

na qual o nome do jogo é monitorar, mediar e monetizar informações e transações pela web –, para uma rede direcionada aos custos reduzidos de negociação, fiscalização e garantia de cumprimento de acordos comerciais e sociais, na qual o nome do jogo será integridade, segurança, colaboração, privacidade, e a criação e distribuição de valor. Isso é uma virada de 180 graus na estratégia atual.

Como resultado, poderemos ter uma economia de pares, com instituições que são verdadeiramente distribuídas, inclusivas e empoderadoras – e, portanto, legítimas. Porém, a tecnologia é apenas uma ferramenta; os humanos devem liderar para alcançar o próximo estágio de tornar todas as suas promessas realidade a longo prazo. Há ainda muitos desafios a serem superados. Até então, inúmeras perguntas permanecem sem respostas e desafios, sem soluções. Como a tecnologia irá escalar? Podemos escalá-la sem destruir o ambiente físico? Forças poderosas obstruirão a inovação ou irão cooptá-la? Para superar os desafios da tecnologia, precisaremos da colaboração da sociedade civil, do setor privado, do governo e dos investidores individuais em redes não estatais.

Glossário das Top Criptomoedas

1. **Bitcoin:** Ouro digital; reserva de valor
2. **Ethereum:** Contratos programáveis
3. **Binance Coin:** Token da maior exchange do mundo
4. **Cardano:** Maior concorrente da Ethereum
5. **Polkadot:** Cross-chain. Migra de uma Blockchain para outra
6. **Tether:** Token lastreado em dólar
7. **Ripple:** Transferência de dinheiro entre bancos
8. **Uniswap:** Exchange descentralizada baseada em Ethereum
9. **Litecoin:** Bitcoin um pouco mais rápido
10. **Bitcoin Cash:** Bitcoin dos mineradores

Curiosidades

Em 2019, 20% dos jovens nos EUA já possuíam alguma criptomoeda: Criptomoedasfacil.com/pesquisa-da-coinbase-mostra-que-18-dos-estudantes-dos-eua-ja-possuem-criptomoedas/

27 DIAS

Há uma curiosidade interessante na criação do bloco gênesis do Bitcoin. Vamos estimar quanto tempo levou para Satoshi resolver o bloco, que continha 43 zeros:
- 22 bits iniciais (teste nonce/segundo)
- Adicionamos aproximadamente 16 bits para um dia inteiro (86400 ~= 2^16)
- Agora, adicionamos 2,5 bits para completar 6 dias. Temos no total 41,5 bits.
- Então, após 6 dias, havia uma chance de aproximadamente 17% de ele ter encontrado o bloco gênesis. Será que ele teve sorte?

Vamos checar os dados do bloco gênesis e do bloco 1.

- Bloco 0: 2009-01-03 18:15:05
- Bloco 1: 2009-01-09 02:54:25 (6 dias depois!)

Isso significa que Satoshi deixou a mineradora trabalhando por 6 dias de propósito, para relacionar a criação do bloco gênesis à criação do mundo segundo o livro Gênesis da Bíblia? A relação é, no mínimo, interessante!

Bitcoin: A Peer-to-Peer Electronic Cash System

Satoshi Nakamoto
satoshin@gmx.com
www.bitcoin.org

Abstract. A purely peer-to-peer version of electronic cash would allow online payments to be sent directly from one party to another without going through a financial institution. Digital signatures provide part of the solution, but the main benefits are lost if a trusted third party is still required to prevent double-spending. We propose a solution to the double-spending problem using a peer-to-peer network. The network timestamps transactions by hashing them into an ongoing chain of hash-based proof-of-work, forming a record that cannot be changed without redoing the proof-of-work. The longest chain not only serves as proof of the sequence of events witnessed, but proof that it came from the largest pool of CPU power. As long as a majority of CPU power is controlled by nodes that are not cooperating to attack the network, they'll generate the longest chain and outpace attackers. The network itself requires minimal structure. Messages are broadcast on a best effort basis, and nodes can leave and rejoin the network at will, accepting the longest proof-of-work chain as proof of what happened while they were gone.

1. Introduction

Commerce on the Internet has come to rely almost exclusively on financial institutions serving as trusted third parties to process electronic payments. While the system works well enough for most transactions, it still suffers from the inherent weaknesses of the trust based model. Completely non-reversible transactions are not really possible, since financial institutions cannot avoid mediating disputes. The cost of mediation increases transaction costs, limiting the minimum practical transaction size and cutting off the possibility for small casual transactions, and there is a broader cost in the loss of ability to make non-reversible payments for non-reversible services. With the possibility of reversal, the need for trust spreads. Merchants must be wary of their customers, hassling them for more information than they would otherwise need. A certain percentage of fraud is accepted as unavoidable. These costs and payment uncertainties can be avoided in person by using physical currency, but no mechanism exists to make payments over a communications channel without a trusted party.

What is needed is an electronic payment system based on cryptographic proof instead of trust, allowing any two willing parties to transact directly with each other without the need for a trusted third party. Transactions that are computationally impractical to reverse would protect sellers from fraud, and routine escrow mechanisms could easily be implemented to protect buyers. In this paper, we propose a solution to the double-spending problem using a peer-to-peer distributed timestamp server to generate computational proof of the chronological order of transactions. The system is secure as long as honest nodes collectively control more CPU power than any cooperating group of attacker nodes.

Abstract

Uma versão de dinheiro eletrônico puramente ponto-a-ponto permitiria que pagamentos online fossem enviados diretamente de uma pessoa para outra sem a necessidade de passar por uma instituição financeira, como bancos, por exemplo. Assinaturas digitais oferecem uma parte da solução, mas os principais benefícios são perdidos se um intermediário confiável ainda é necessário para prevenir o gasto duplo.

Propomos uma solução ao problema do gasto duplo utilizando uma rede ponto-a-ponto. A rede registra a data e a hora das transações através de um sistema de carimbo de tempo, transformando-as em uma cadeia contínua de prova de trabalho baseada em um *hash*, formando um registro que não pode ser modificado sem que toda a prova de trabalho seja refeita.

A cadeia mais longa não serve apenas de prova da sequência dos eventos testemunhados, mas também como uma prova de que ela veio do grupo com maior poder computacional. Enquanto a maioria do poder computacional é controlada por nós de rede que não estão cooperando para atacar a rede, eles vão gerar a maior cadeia e ultrapassar os atacantes.

A própria rede requer uma mínima estrutura. As mensagens são transmitidas com o melhor esforço base, e os nós de rede podem sair e se juntar à rede quando quiserem, aceitando a cadeia com a prova de trabalho mais longa como uma prova do que aconteceu enquanto eles estiveram fora da rede.

Introdução

O comércio na internet passou a se tornar quase que exclusivamente dependente de instituições financeiras, propondo-se como terceiros confiáveis para processar pagamentos eletrônicos. Enquanto o sistema funciona bem o suficiente para a maioria das transações, ele ainda sofre de fraquezas inerentes em modelos baseados na confiança em terceiros ou intermediários. Transações completamente irreversíveis não são realmente possíveis, porque as instituições financeiras não podem evitar mediação de disputas judiciais. O custo das mediações aumenta os custos de transação, limitando o tamanho mínimo que uma transação deve possuir e acabando com a possibilidade de pequenas transações casuais; além disso, há um custo mais amplo na perda da possibilidade de fazer pagamentos irreversíveis para serviços irreversíveis.

Com a possibilidade de pagamentos reversíveis, a necessidade de confiança aumenta. Os comerciantes precisam estar atentos aos seus clientes incomodando-os para darem mais informações do que normalmente precisam oferecer. Uma certa porcentagem de fraude é aceita como inevitável. Essas incertezas de custos e pagamentos podem ser evitadas com uma pessoa usando uma moeda física; entretanto, não existe nenhum mecanismo para fazer pagamentos através de um canal de comunicações sem um terceiro.

O que se torna necessário é um sistema de pagamentos eletrônicos baseado em provas criptográficas em vez de confiança, permitindo que duas partes dispostas a negociar diretamente entre si possam fazê-lo sem a necessidade de um terceiro confiável. Transações que são computacionalmente impraticáveis de serem revertidas protegem os vendedores de caírem em alguma fraude. Além disso, mecanismos de rotina de depósitos poderiam ser facilmente implementados para proteger os compradores.

Neste artigo, propomos uma solução para o problema do gasto duplo usando um servidor ponta-a-ponta de carimbos de tempo para gerar uma prova computacional da ordem cronológica das transações. O sistema é seguro enquanto nós de rede honestos controlam coletivamente mais poder computacional do que qualquer outro grupo de nós de rede atacantes cooperando entre si.

Fontes das imagens

PÁGINA 18: Pixabay.com

PÁGINA 19: freeimages.com

PÁGINA 64: Occupywallst.nyc/ (2018)

PÁGINA 68: Rede Entropia (2019)

PÁGINA 69: Blockexplorer.com (2018)

PÁGINA 70: *The Times* (jan/2009)

PÁGINA 70: Hal Finney (Twitter.com/halfin/status/1110302988?lang=en) (2019)

PÁGINA 72: Adaptado de Howmuch.net/articles/the-worlds-wealth-inequality (2018)

PÁGINA 73: Adaptado de Coin Telegraph, 2017 (Cointelegraph.com/news/wall-street-can-no-longer-dismiss-bitcoin-demand-is-too-high.

PÁGINA 77: TradingView.com

PÁGINA 78: Modelo Stock-To-Flow

PÁGINA 80: BitcoinCharts.com (2018)

PÁGINA 85: Adam Smith Institute (2016)

PÁGINAS 93 E 94: Alex Van de Sande. CC-BY-SA (2018)

PÁGINA 94 E 95: Rede Entropia (2018)

PÁGINA 103: Imagem do Autor

PÁGINA 108, 109 E 114: Rede Entropia (2018)

PÁGINA 117 E 120: Imagem do Autor

PÁGINA 121: Adaptado de Finder.com (2018)

PÁGINA 123: Imagem do Autor

PÁGINA 133: Imagem do Autor